2022
江苏省技术交易年报

主　编　戴力新　顾　宁
副主编　孙兴莲　胡　婕

东南大学出版社
·南京·

内容简介

本报告按照科技部《全国技术市场统计调查方案》有关要求，根据2021年度江苏省技术转移工作情况编制，主要内容包括技术转移工作概况、技术交易构成，设区市、高校、科研院所和企业等技术交易情况，"揭榜挂帅"技术转移、技术转移机构建设和技术经理人培养等，为加快建设和完善全省技术转移体系，促进全省科技成果转化相关决策和研究分析提供数据支撑。

本报告可供机关事业单位从事科技管理、科技服务的人员，高校院所、企业等科研人员和管理人员，以及技术交易市场、技术转移服务机构和技术经理人等研究借鉴。

图书在版编目（CIP）数据

2022江苏省技术交易年报/戴力新，顾宁主编. —南京：东南大学出版社，2023.2
　ISBN 978-7-5766-0696-6

Ⅰ．①2… Ⅱ．①戴 … ②顾 … Ⅲ．① 技术贸易–研究报告–江苏–2022 Ⅳ．F723.84

中国版本图书馆CIP数据核字（2022）第256172号

责任编辑：张新建　　封面设计：余武莉　　责任印制：周荣虎

2022江苏省技术交易年报
2022Jiangsu Sheng Jishu Jiaoyi Nianbao

主　　编：	戴力新　顾宁
出版发行：	东南大学出版社
社　　址：	南京四牌楼2号　邮编：210096　电话：025-83793330
网　　址：	http://www.seupress.com
电子邮件：	press@ seupress.com
经　　销：	全国各地新华书店
印　　刷：	徐州绪权印刷有限公司
开　　本：	889 mm×1194 mm　1/16
印　　张：	10.25
字　　数：	250千字
版　　次：	2023年2月第1版
印　　次：	2023年2月第1次印刷
书　　号：	ISBN 978-7-5766-0696-6
定　　价：	168.00元

本社图书若有印装质量问题，请直接与营销部调换。电话（传真）：025-83791830

《2022江苏省技术交易年报》编写组成员名单

主　编　戴力新　顾　宁

副主编　孙兴莲　胡　婕

编　著　肖　莺　李　红　胡　荥　徐洪滔
　　　　　王璐璐　张　钊　杨诗雨　戴　婷
　　　　　汤倩倩　闫中秋　汪　欢　施　俊

前 言
Preface

党的十八大以来,以习近平同志为核心的党中央高度重视科技创新工作,把促进科技成果转化摆在十分重要的位置进行谋划部署,习近平总书记多次强调"加速科技成果向现实生产力转化"。技术交易作为科技成果转化的重要形式,是深化国家创新体系建设的重要举措。

伴随着十年来科技创新事业的飞速发展,我国技术交易持续活跃,技术合同成交额不断攀升,技术要素市场不断繁荣,展现出巨大活力,对经济和社会高质量发展的支撑作用不断凸显。技术合同成交额已成为区域科技创新活跃度的重要指标。近年来,江苏聚焦重点产业领域、重点创新主体和优秀科技成果转化落地,积极探索"揭榜挂帅"服务机制创新,省委省政府高度重视省技术产权交易市场桥梁纽带作用的发挥。在省科技厅部署领导下,我省科技成果转化与技术转移服务体系进一步完善,体系化、专业化、常态化开展"需求张榜、在线揭榜"技术转移品牌活动,融合金融、创投及人才等资源,高效促进创新链、产业链和服务链的深度对接。2021年全省技术合同成交总额突破3000亿大关,创历史新高,连续多年位居全国前列。

《2022江苏省技术交易年报》是按照科技部《全国技术市场统计调查方案》的要求,在省科技厅指导下,针对2021年度江苏省技术合同认定登记系统认定的技术合同签订与执行情况,从合同成交数量、交易金额、合同类别、交易主体、技术领域、区域分布以及全省技术转移体系建设等多维度进行数据挖掘和情况分析,为相关部门和单位推进技术转移工作提供数据支撑和研究借鉴。

目 录
Contents

第一章　技术合同登记情况 ··· 001
 第一节　技术交易总体概述 ·· 001
  一、基本情况 ··· 002
  二、交易特点 ··· 006
 第二节　技术合同构成 ·· 020
  一、合同登记情况 ··· 020
  二、输出技术情况 ··· 028
  三、吸纳技术情况 ··· 032
 第三节　设区市技术交易 ··· 036
  一、合同登记情况 ··· 036
  二、输出技术情况 ··· 040
  三、吸纳技术情况 ··· 044
 第四节　高校技术交易 ·· 049
  一、输出技术情况 ··· 049
  二、输出计划外项目情况 ·· 052
 第五节　科研机构技术交易 ·· 057
  一、合同登记情况 ··· 057
  二、计划外项目基本情况 ·· 061
 第六节　企业技术交易 ·· 065
  一、合同登记情况 ··· 065
  二、输出技术情况 ··· 067
  三、吸纳技术情况 ··· 070

第二章 技术转移奖补 ... **073**
第一节 省技术转移奖补 ... **073**
第二节 设区市技术转移奖补 ... **075**
第三节 专项支持 ... **078**

第三章 技术转移工作体系 ... **080**
第一节 技术交易线上平台 ... **080**
第二节 分中心体系 ... **083**
第三节 技术转移机构 ... **086**
  一、高校技术转移中心 ... **086**
  二、社会化技术转移机构 ... **092**
  三、技术经理人事务所 ... **094**
第四节 技术转移人才队伍 ... **095**
  一、技术经理人 ... **095**
  二、技术经理人服务团 ... **097**
  三、国家技术转移人才培养基地 ... **098**

第四章 "揭榜挂帅"年度品牌活动 ... **099**
第一节 专利（成果）拍卖季 ... **099**
第二节 J-TOP创新挑战季 ... **102**
第三节 地方特色活动 ... **103**
  一、南京市　长三角（南京都市圈）科技合作项目专场活动 ... **103**
  二、苏州市　沪苏同城国际创新挑战赛 ... **103**
  三、扬州市　"火炬科技成果直通车"活动 ... **104**
  四、江阴市　"霞客之光"产业自主创新攻关计划 ... **104**
  五、南通市　"长三角光电产业论坛暨产学研合作对接会" ... **104**

第五章　技术转移创新服务 …………………………………………………… **105**
　　第一节　职务科技成果公示挂牌 ………………………………………… **105**
　　　　一、科技成果公示情况 ……………………………………………… **105**
　　　　二、科技成果挂牌情况 ……………………………………………… **106**
　　　　三、验收满两年尚未实施转化的科技成果情况 …………………… **108**
　　第二节　科技金融服务 …………………………………………………… **109**
　　　　一、"益企贷"金融服务 …………………………………………… **109**
　　　　二、技术交易金融助企抗疫专项服务 ……………………………… **109**
　　第三节　"思享汇"沙龙活动 …………………………………………… **110**

第六章　附表 ………………………………………………………………… **111**

第七章　名词解释 …………………………………………………………… **154**

第一章 技术合同登记情况

第一节 技术交易总体概述

2021年，全省深入贯彻落实《中共中央国务院关于构建更加完善的要素市场化配置体制机制的意见》《国家技术转移体系建设方案》和《省委省政府关于深化科技体制机制改革推动高质量发展若干政策》，进一步健全完善全省技术转移体系，充分发挥省技术产权交易市场桥梁纽带作用，大力培育技术经纪（经理）人，持续实施技术转移奖补政策，充分激发各类创新主体的活力，加快科技成果转移转化，全省技术交易活跃度不断提升。据统计，全年共登记技术合同 82555 项，同比增长 43.79%，居全国第二；成交额 3013.56 亿元，同比增长 29.02%，居全国第三，实现"十四五"良好开局。

图 1-1-1　2017-2021 年全省技术合同登记情况

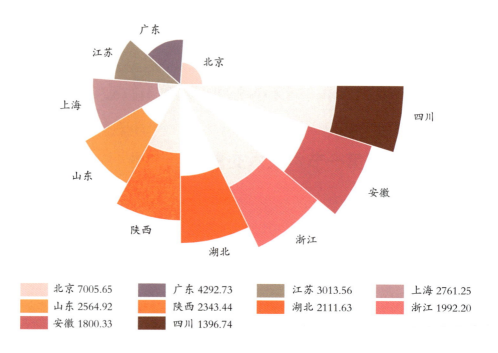

图 1-1-2　2021 年全国技术合同登记成交额排名前十省市（单位：亿元）

一、基本情况

1. 技术合同登记成交额占当年 GDP 比重提升

2021 年，我省技术合同登记成交额占地区生产总值（GDP）的比重为 2.57%，较上年度提高 0.3 个百分点，"十三五"期间年均增长率达 24.66%。

表 1-1-1　2017-2021 年全省技术合同登记成交额占 GDP 比重

项　目	年　份				
	2017	2018	2019	2020	2021
地区生产总值 GDP（亿元）	85869.76	93207.55	99631.52	102719.00	117128.43
技术合同登记成交额（亿元）	872.92	1152.64	1675.59	2335.81	3013.56
技术合同登记成交额占 GDP 比重（%）	1.02	1.24	1.68	2.27	2.57

注：GDP 数据来源于江苏省统计局

2. 技术开发与技术服务占比约八成

2021 年,我省技术开发合同登记成交额为 1539.26 亿元,同比增长 29.57%,占全省技术合同登记成交额的 51.08%;技术服务合同登记成交额为 856.79 亿元,同比增长 13.05%,占全省技术合同登记成交额的 28.43%。

图 1-1-3　2021 年全省技术合同类别构成

3. 先进制造领域成交额位居首位

2021 年,先进制造、电子信息和生物医药技术领域登记的技术合同成交额排名前三,其中先进制造领域的成交额持续保持领先地位,达 973.01 亿元,占全省技术合同登记成交额的 32.29%;电子信息技术领域居第二位,成交额为 692.46 亿元,占全省技术合同登记成交额的 22.98%,同比增长 24.68%;生物、医药和医疗机械领域居第三位,成交额为 421.39 亿元,占全省技术合同登记成交额的 13.98%,同比增长 33.73%。

4. 宁苏锡技术合同成交额位列前三

2021 年,我省各设区市技术合同登记成交额由高至低依次为南京、苏州、无锡、南通、常州、扬州、泰州、徐州、盐城、镇江、连云港、淮安、宿迁。其中,南京、苏州、无锡共登记技术合同成交额为 1765.61 亿元,占全省技术合同登记成交额的 58.59%。

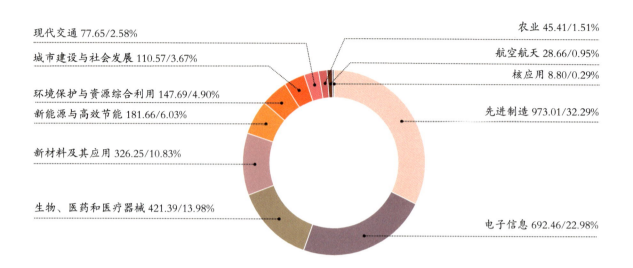

图 1-1-4　2021 年全省技术合同领域构成（单位：亿元）

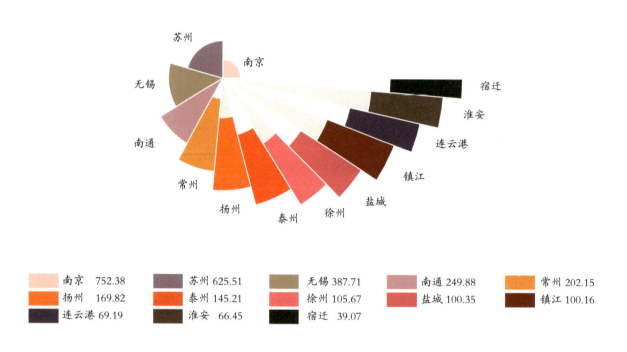

图 1-1-5　2021 年各设区市技术合同登记情况（单位：亿元）

5. 涉及专利技术交易成交额稳步增长

2021年，涉及知识产权技术合同24067项，成交额为1329.85亿元，较上年增长11.35%，占全省技术合同登记成交额的44.13%。其中涉及专利技术合同10856项，成交额为674.47亿元，占全省技术合同登记成交额的22.38%，较上年增长11.33%；涉及技术秘密技术合同9483项，成交额560.94亿元，占全省技术合同登记成交额的18.61%；计算机软件著作权转让合同成交3020项，成交额为63.21亿元，占全省技术合同登记成交额的2.10%；生物、医药新品种成交223项，成交额为9.33亿元，占全省技术合同登记成交额的0.31%。

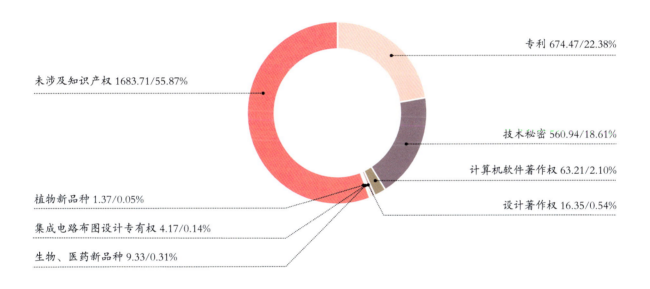

图1-1-6　2021年全省技术合同知识产权类别构成（单位：亿元）

6. 服务于其他民用目标的技术合同登记成交额位居第一

2021年，各类社会－经济目标中，其他民用目标的技术交易排名第一，成交额为866.05亿元，占比增长68.81%；促进工商业发展的技术交易排名第二，成交额为697.22亿元，占比增长36.03%；促进社会发展和社会服务的技术交易位列第三，成交额为385.41亿元，占比增长2.68%。

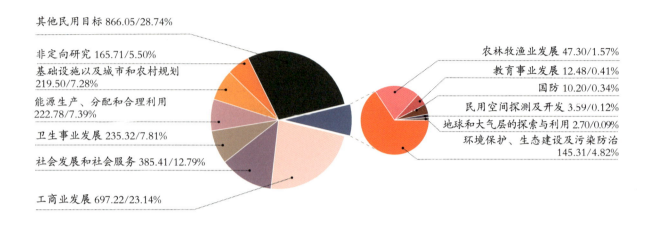

图 1-1-7　2021 年全省技术交易社会－经济目标构成（单位：亿元）

二、交易特点

1. 技术交易保持稳步增长发展态势

2021 年，以新技术、新产品、新工艺、新材料、新品种开发为主的技术开发合同是全省技术交易的主要合同类型。2021 年技术开发合同成交额占全省技术合同登记成交额的比重为 51.08%，较上年度提升了 0.22 个百分点，持续保持增长；电子信息、先进制造、新材料及其应用、新能源与高效节能、现代交通以及生物、医药和医疗器械等高新技术产业领域技术合同成交额为 2672.43 亿元，较 2017 年增长 262.73%，与我省重点发展的产业高度契合。

表 1-1-2　2017-2021 年不同领域技术合同登记成交额情况

单位：亿元

技术领域	年份				
	2017	2018	2019	2020	2021
先进制造	215.51	265.54	301.23	632.95	973.01
电子信息	204.41	280.61	412.91	555.39	692.46
生物、医药和医疗器械	123.00	136.48	188.46	315.11	421.39
新材料及其应用	93.93	120.71	207.79	252.64	326.25
环境保护与资源综合利用	59.53	76.58	70.13	125.68	147.69

续表

技术领域	年份				
	2017	2018	2019	2020	2021
新能源与高效节能	59.78	83.56	170.83	120.32	181.66
现代交通	40.13	55.4	111.34	117.08	77.65
城市建设与社会发展	46.35	95.92	177.32	115.40	110.57
农业	22.25	24.64	23.13	63.02	45.41
航空航天	3.55	11.91	11.54	25.59	28.66
核应用	4.49	1.30	0.91	12.64	8.80
合计	872.92	1152.64	1675.59	2335.81	3013.56

2. 高质量技术成果供给能力不断提升

自实施"科技改革30条"以来，我省高校、科研院所科研自主权进一步扩大，创新创业活力有效释放，为技术市场提供了大量优质科技成果。2021年，高校、科研机构作为卖方的技术合同登记项数分别为27009项、6375项，分别占全省技术合同登记项数的32.72%、7.72%，成交额分别为124.81亿元、85.60亿元，分别占全省技术合同登记成交额的4.14%、2.84%。

优质的科技成果供给促进全省高质量、高层次技术交易增长，2017-2021年，涉及知识产权的技术合同成交额逐年上涨，年均增长率为222.63%。其中专利合同成交额增速最快，2017-2021年年均增长率达755.93%。

表1-1-3　2017-2021年涉及知识产权技术合同登记成交额情况

单位：亿元

知识产权类别	年份				
	2017	2018	2019	2020	2021
专利	78.80	298.72	379.02	605.84	674.47
技术秘密	281.26	256.51	340.43	427.76	560.94
计算机软件著作权	31.21	42.53	43.52	87.01	63.21

续表

知识产权类别	年　份				
	2017	2018	2019	2020	2021
设计著作权	0.37	2.58	13.54	30.83	16.35
集成电路布图设计专有权	0.48	1.04	11.69	3.90	4.17
生物、医药新品种	18.66	10.97	6.05	37.18	9.33
植物新品种	1.41	2.48	1.49	1.73	1.37
未涉及知识产权	460.73	537.81	879.85	1141.55	1683.71
合计	872.92	1152.64	1675.59	2335.81	3013.56

3. 企业占据技术创新主导地位

2021年，江苏省企业法人技术合同登记项数达48751项，合同成交额为2761.42亿元，占全省技术合同登记成交额的91.63%；吸纳技术成交额2281.73亿元，占吸纳技术总成交额的81.14%，我省企业法人作为技术交易的主体地位突出。

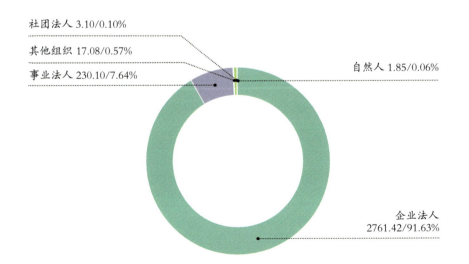

图1-1-8　2021年技术交易主体构成（单位：亿元）

4. 长三角科技资源集聚及竞争优势显著增强

2021年，长三角地区技术交易成效显著，技术合同登记项数180558项，较2017年增长89703项；成交额为8040.20亿元，较2017年增长5704.14亿元。其中，我省2021年技术合同登记项数、成交额均居长三角地区第一名，分别领先第二名45347项、538.71亿元。

图1-1-9　2017-2021年长三角技术合同登记成交额情况（单位：亿元）

5. 跨国技术交易活动日益频繁

（1）江苏省对外输出、吸纳技术合同的国别构成

江苏省对外吸纳技术合同的成交额，是输出技术合同成交额的两倍多。2021年江苏省输出境外技术合同694项，成交额194.73亿元，占国家对外输出技术合同成交总额的9.12%。江苏省吸纳境外技术合同574项，成交额407.44亿元，占国家对外吸纳技术合同成交总额的31.93%。江苏省对外技术交易主要集中在欧洲、亚洲和北美洲。其中，江苏省吸纳技术合同成交额居首位的是美国，共计106项，成交额为99.1亿元。江苏省输出技术合同成交额居首位也是美国，共计132项，成交额为63.03亿元。德国、日本、韩国是江苏省对外技术合同输出、吸纳均较为活跃的目标国家。

表1-1-4　2021年江苏省对外技术交易流向情况

国家（地区）	输出技术合同买方			国家（地区）	吸纳技术合同卖方		
	项数	成交额（10万元）	排名		项数	成交额（10万元）	排名
美国(US)	132	63027.04	1	美国(US)	106	99096.14	1
中国（港澳台）	94	32277.76	2	韩国(KR)	38	66214.26	2
日本(JP)	148	23513.56	3	日本(JP)	76	42761.54	3
德国(DE)	18	20104.15	4	瑞士(CH)	9	41353.44	4
韩国(KR)	28	17748.92	5	德国(DE)	43	39527.51	5
爱尔兰(IE)	7	7379.98	6	比利时(BE)	22	31595.73	6
英国(GB)	30	6980.94	7	挪威(NO)	4	28226.27	7
荷兰(NL)	24	4393.66	8	中国（港澳台）	97	17361.54	8
瑞士(CH)	4	3705.55	9	法国(FR)	11	10173.20	9
越南(VN)	10	2588.64	10	荷兰(NL)	10	6620.25	10
北美洲其他	27	2172.64	11	芬兰(FI)	1	6357.97	11
亚洲其他	9	1828.26	12	西班牙(ES)	3	4540.73	12
新加坡(SG)	12	1310.45	13	印度(IN)	37	2640.16	13
俄罗斯(RU)	6	970.22	14	英国(GB)	19	2347.38	14
柬埔寨(KH)	2	910.00	15	意大利(IT)	6	1872.59	15
尼日利亚(NG)	1	810.23	16	丹麦(DK)	5	1734.53	16
泰国(TH)	10	701.37	17	新加坡(SG)	22	1091.87	17
加拿大(CA)	22	579.55	18	北美洲其他	2	981.09	18

续表

国家（地区）	输出技术合同买方			国家（地区）	吸纳技术合同卖方		
	项数	成交额（10万元）	排名		项数	成交额（10万元）	排名
欧洲其他	9	553.26	19	越南（VN）	10	880.66	19
芬兰（FI）	1	450.00	20	加拿大（CA）	11	511.69	20
印度尼西亚（ID）	6	409.82	21	亚洲其他	3	370.13	21
印度（IN）	11	342.02	22	冰岛（IS）	1	271.74	22
澳大利亚（AU）	6	238.11	23	墨西哥（MX）	1	246.11	23
蒙古（MN）	3	222.40	24	爱尔兰（IE）	14	220.80	24
墨西哥（MX）	4	218.03	25	以色列（IL）	7	194.99	25
丹麦（DK）	1	142.68	26	奥地利（AT）	3	88.07	26
意大利（IT）	3	128.01	27	澳大利亚（AU）	2	37.57	27
孟加拉国（BD）	2	122.62	28	瑞典（SE）	3	31.66	28
土耳其（TR）	14	105.54	29	白俄罗斯（BY）	1	31.20	29
比利时（BE）	14	105.41	30	马来西亚（MY）	2	26.33	30
新西兰（NZ）	1	96.00	31	俄罗斯（RU）	1	21.50	31
马来西亚（MY）	2	76.40	32	波兰（PL）	1	5.61	32
巴基斯坦（PK）	4	69.85	33	斯洛文尼亚（SI）	2	3.40	33
埃及（EG）	2	67.92	34	欧洲其他	1	0.22	34
阿联酋（AE）	2	63.70	35				
阿尔及利亚（DZ）	1	55.00	36				

续表

国家（地区）	输出技术合同买方			国家（地区）	吸纳技术合同卖方		
	项数	成交额（10万元）	排名		项数	成交额（10万元）	排名
智利 (CL)	4	51.40	37				
波兰 (PL)	2	48.67	38				
巴西 (BR)	2	40.56	39				
巴拿马 (PA)	1	27.24	40				
法国 (FR)	6	25.71	41				
哥伦比亚 (CO)	1	17.49	42				
阿根廷 (AR)	1	16.58	43				
秘鲁 (PE)	1	15.10	44				
匈牙利 (HU)	1	7.80	45				
巴勒斯坦 (PS)	1	7.17	46				
南非 (ZA)	1	2.69	47				
挪威 (NO)	1	2.35	48				
阿富汗（AF）	1	1.34	49				
沙特阿拉伯 (SA)	1	1.00	50				

（2）江苏省对外输出、吸纳技术合同的技术领域构成

江苏省对外技术交易主要集中在生物医药和医疗器械、电子信息和先进制造等技术领域。江苏省输出技术合同主要集中在生物医药和医疗器械、电子信息和先进制造，合计输出技术合同 602 项，成交额 175.04 亿元，占地区对外输出技术合同成交总额的 89.89%；吸纳技术合同主要集中在新材料及其应用、生物医药和医疗器械、先进制造，合计吸纳技术合同 395 项，成交额 350.96 亿，占地区对外吸纳技术合同成交总额的 86.14%。

表 1-1-5　2021 年江苏省对外技术交易领域构成

输出技术合同			吸纳技术合同		
技术领域	项数	成交额（10 万元）	技术领域	项数	成交额（10 万元）
城市建设与社会发展	15	99.02	城市建设与社会发展	3	188.79
电子信息	277	43497.64	电子信息	135	22537.63
环境保护与资源综合利用	4	149.40	环境保护与资源综合利用	10	212.35
农业	8	1600.98	农业	3	217.71
生物、医药和医疗器械	206	88511.28	生物、医药和医疗器械	116	62725.70
先进制造	119	43029.50	先进制造	187	171264.98
现代交通	22	9080.19	现代交通	12	7879.70
新材料及其应用	34	6468.49	新材料及其应用	92	116966.96
新能源与高效节能	9	2298.29	新能源与高效节能	16	25444.03

（3）江苏省对外输出、吸纳技术合同的类别构成

江苏省对外输出技术合同以技术开发方式为主，输出技术开发合同361项，成交额85.01亿元，占地区对外输出技术合同成交总额的43.65%；对外吸纳技术合同以技术转让方式为主，吸纳技术转让合同218项，成交额为329.96亿元，占地区对外吸纳技术合同成交总额的80.98%。江苏省对外输出技术合同成交额排名前三的技术交易类别为技术开发、技术服务和技术转让，合计输出技术合同689项，成交额194亿元，占地区对外输出技术合同成交总额的99.62%。

表1-1-6　2021年江苏省对外技术交易类别构成

输出技术合同			吸纳技术合同		
技术类别	项数	成交额（10万元）	技术类别	项数	成交额（10万元）
技术服务	293	59578.44	技术服务	63	2896.03
技术开发	361	85010.80	技术开发	283	38922.69
技术转让	35	49407.85	技术转让	218	329960.32
技术咨询	5	737.70	技术咨询	10	35658.83

（4）江苏省各市对外输出、吸纳技术合同情况

江苏省对外输出技术合同主要以苏州市、南京市、连云港市为主，合计输出技术合同430项，成交额158.45亿元，占地区对外输出技术合同成交总额的81.37%；对外吸纳技术合同主要以苏州市、盐城市、无锡市、南京市为主，合计吸纳技术合同473项，成交额305.94亿元，占地区对外吸纳技术合同成交总额的75.09%。

表 1-1-7　2021 年江苏省各市对外输出、吸纳技术合同情况

输出技术合同			吸纳技术合同		
城市	项数	成交额（10 万元）	城市	项数	成交额（10 万元）
常州市	9	3198.30	常州市	31	11952.14
连云港市	16	32080.83	淮安市	4	10325.44
南京市	274	53719.79	连云港市	19	23530.69
南通市	20	9677.01	南京市	87	36419.01
苏州市	140	72650.85	南通市	15	8429.34
泰州市	24	487.88	苏州市	269	178149.51
无锡市	140	13902.33	泰州市	7	15530.98
盐城市	22	4053.06	无锡市	85	37323.91
扬州市	26	3763.23	徐州市	5	697.61
镇江市	14	1201.53	盐城市	32	54043.06
			扬州市	14	26872.06
			镇江市	6	4164.11

（5）江苏省各区县对外输出、吸纳技术合同情况

江苏省对外输出技术合同主要以连云区、虎丘区、常熟市、栖霞区、江宁区、吴中区为主，合计输出技术合同 101 项，成交额 123.02 亿元，占地区对外输出技术合同成交总额的 63.17%；对外吸纳技术合同主要以张家港市、昆山市、虎丘区、江阴市为主，合计吸纳技术合同 246 项，成交额 225.86 亿元，占地区对外吸纳技术合同成交总额的 55.44%。

表 1-1-8　2021 年江苏省各区县对外输出、吸纳技术合同情况

输出技术合同			吸纳技术合同		
区县	项数	成交额（10万元）	城市	项数	成交额（10万元）
滨湖区	7	888.64	滨海县	2	4840.47
常熟市	6	19016.66	滨湖区	2	15.92
崇川区	8	778.02	常熟市	10	842.49
大丰市	11	3176.30	崇川区	7	7841.03
高淳区	1	20.00	大丰市	3	2347.50
高港区	3	89.80	丹阳市	6	4164.11
姑苏区	1	19.74	东台市	2	381.83
鼓楼区	39	1453.65	阜宁县	2	4039.47
广陵区	3	148.50	赣榆区	2	1699.06
海陵区	1	90.87	港闸区	1	49.88
海门市	4	3402.62	鼓楼区	4	654.11
海州区	14	320.91	海门市	1	21.50
虎丘区	34	29359.41	海州区	1	13543.88
惠山区	13	1249.11	虎丘区	153	41936.85
建邺区	5	199.70	淮阴区	2	4927.66
江都区	12	1997.55	惠山区	3	24.46
江宁区	21	13505.90	建湖县	3	12030.72
江阴市	14	1354.88	江宁区	25	28416.37
京口区	13	553.53	江阴市	26	33068.96

续表

	输出技术合同			吸纳技术合同	
区县	项数	成交额（10万元）	城市	项数	成交额（10万元）
靖江市	20	307.21	金坛市	4	1961.23
昆山市	6	2869.97	昆山市	31	46870.02
连云区	2	31759.91	连云区	16	8287.75
六合区	6	257.15	六合区	1	3.20
浦口区	30	8827.23	浦口区	48	4492.91
栖霞区	18	16212.37	栖霞区	12	3451.67
启东市	3	1823.28	戚墅堰区	1	15.00
秦淮区	18	4452.43	清浦区	2	5397.78
如皋市	2	120.47	如东县	1	20.06
射阳县	8	488.00	射阳县	3	1307.00
市辖区	57	7544.44	市辖区	63	13916.02
太仓市	1	232.45	泰兴市	6	15486.68
亭湖区	2	280.00	太仓市	10	2670.98
通州区	3	3552.61	天宁区	7	3245.37
吴中区	20	13162.13	亭湖区	5	915.36
武进区	1	250.00	通州区	5	496.87
锡山区	16	178.37	吴江区	16	7460.74
相城区	24	4041.94	吴中区	3	78.85
新北区	7	2946.50	武进区	10	1580.08

输出技术合同			吸纳技术合同		
区县	项数	成交额（10万元）	城市	项数	成交额（10万元）
玄武区	17	133.32	锡山区	10	831.97
扬中市	1	648.00	相城区	2	32.12
仪征市	10	1428.18	新北区	4	1263.17
宜兴市	86	5542.31	兴化市	1	44.30
雨花台区	90	6784.36	盐都区	1	20332.21
张家港市	5	1201.90	仪征市	5	25754.24
钟楼区	1	1.80	雨花台区	1	54.85
邗江区	1	189.00	云龙区	1	43.50
溧水区	29	1873.67	张家港市	36	75572.54
			钟楼区	1	57.30
			邗江区	9	1117.82
			溧阳市	4	3830.00

（6）江苏省对外输出、吸纳技术合同的经济社会目标构成

江苏省对外输出技术合同的主要经济社会目标主要以其他民用目标、工商业发展、卫生事业发展为主，合计输出技术合同489项，成交额159.47亿元，占地区对外输出技术合同成交总额的81.89%；对外吸纳技术合同主要以工商业发展、其他民用目标、卫生事业发展为主，合计吸纳技术合同444项，成交额328.82亿元，占地区对外吸纳技术合同成交总额的80.71%。

表 1-1-9　2021 年江苏省对外技术交易的经济社会目标构成

输出技术合同			吸纳技术合同		
社会经济目标	项数	成交额（10 万元）	社会经济目标	项数	成交额（10 万元）
非定向研究	38	10433.60	非定向研究	28	6663.67
工商业发展	133	53560.63	工商业发展	155	161504.22
国防	1	450.00	环境保护、生态建设及污染防治	21	4393.98
环境保护、生态建设及污染防治	7	411.26	基础设施以及城市和农村规划	7	6624.69
基础设施以及城市和农村规划	9	1108.59	教育事业发展	2	36.18
教育事业发展	1	12.00	民用空间探测及开发	14	24.55
能源生产、分配和合理利用	29	2368.74	能源生产、分配和合理利用	28	41562.50
农林牧渔业发展	31	770.77	农林牧渔业发展	3	217.71
其他民用目标	273	78587.02	其他民用目标	188	112397.05
社会发展和社会服务	89	19713.81	社会发展和社会服务	27	19091.13
卫生事业发展	83	27318.36	卫生事业发展	101	54922.19

第二节 技术合同构成

一、合同登记情况

1. 近五年全省技术合同登记情况

近五年全省技术合同登记项数和成交额均稳步增长，年平均增长率分别为21.93%、36.31%。平均每项技术合同成交额由2017年的233.73万元增长至2021年的365.04万元，年平均增长率11.79%。

图1-2-1 2017-2021年全省技术合同登记情况

2. 合同类别构成

2021年，在技术开发、技术转让（许可）、技术咨询、技术服务等各类技术合同中，技术开发合同占比最高，登记项数为38574项，占全省技术合同登记项数的46.73%；成交额为1539.26亿元，占全省技术合同登记成交额的51.08%。技术服务合同位列其后，登记项数为33899项，占全省技术合同登记项数的41.06%；成交额为856.79亿元，占全省技术合同登记成交额的28.43%。技术转让合同成交额为545.09亿元，占全省技术合同登记成交额的18.09%。技术咨询合同登记项数为4097项，成交额72.42亿元，占全省技术合同登记成交额的2.40%。

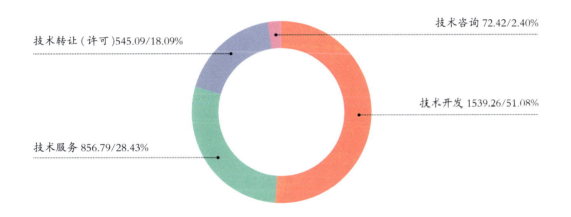

图1-2-2　2021年全省技术合同类别构成（单位：亿元）

3. 技术领域构成

2021年，先进制造、电子信息和生物医药技术领域的技术合同登记成交额排名前三。其中先进制造领域的成交额持续保持领先地位，达973.01亿元，占全省技术合同登记成交额的32.29%；电子信息技术在各类技术领域中居第二位，成交额为692.46亿元，占全省技术合同登记成交额的22.98%，同比增长24.68%；生物医药居第三位，成交额为421.39亿元，占全省技术合同登记成交额的13.98%，同比增长33.73%。

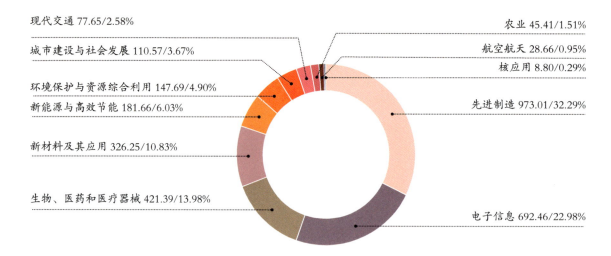

图 1-2-3　2021年全省技术交易领域构成（单位：亿元）

4.1　知识产权构成

2021年，涉及知识产权技术合同24067项，成交额为1329.85亿元，较上年增长11.35%，占全省技术合同登记成交额的44.13%。其中涉及专利技术合同10856项，成交额674.47亿元，占全省技术合同登记成交额的22.38%，较上年增长11.33%；技术秘密成交9483项，成交额560.94亿元，占全省技术合同登记成交额的18.61%；计算机软件著作权合同登记3020项，成交额为63.21亿元，占全省技术合同登记成交额的2.10%。

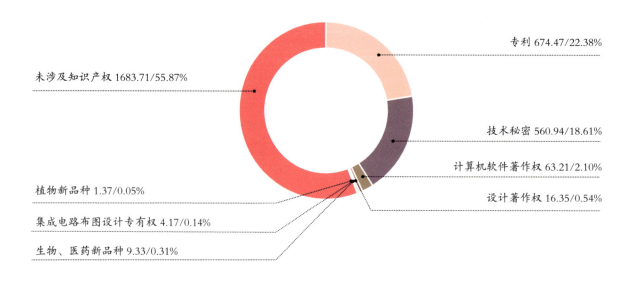

图 1-2-4　2021年全省技术交易知识产权类型构成（单位：亿元）

4.2 涉及知识产权合同类别构成

2021年，涉及知识产权的合同中，技术开发合同占比最高，登记项数为11659项，占全省技术合同登记项数的48.44%；成交额586.63亿元，占全省技术合同登记成交额的44.11%。技术转让（许可）合同位列其后，登记项数为5757项，占全省技术合同登记项数的23.92%；成交额为483.78亿元，占全省技术合同登记成交额的36.38%。技术服务合同登记6216项，成交额为255.21亿元。技术咨询合同登记项数为435项，成交额4.23亿元。

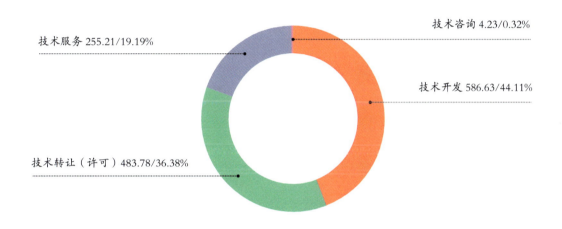

图1-2-5　2021年全省涉及知识产权合同类别构成（单位：亿元）

4.3 涉及专利合同技术领域构成

2021年，涉及知识产权的合同中先进制造、生物医药和电子信息技术领域的技术合同登记成交额排名前三。其中先进制造领域登记成交额位居第一，成交额430.49亿元，占全省技术合同登记成交额的32.37%；生物医药领域登记成交额在各类技术领域中居第二位，成交额为212.11亿元，占全省技术合同登记成交额的15.95%；电子信息位居第三位，成交额为209.67亿元，占全省技术合同登记成交额的15.77%。

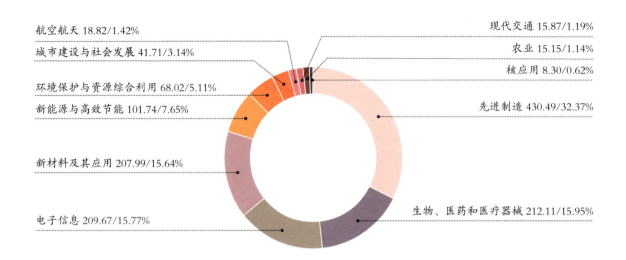

图 1-2-6　2021 年全省涉及专利合同技术领域构成（单位：亿元）

5. 技术交易主体构成

2021 年企业法人在技术卖方构成中位居第一，成交额为 2761.42 亿元，占全省技术合同登记成交额的 91.63%；事业法人在技术卖方构成中位居第二，技术合同成交额为 230.10 亿元，占全省技术合同登记成交额的 7.64%，其中以高校、科研院所技术输出为主；其他组织成交额为 17.08 亿元，占全省技术合同登记成交额的 0.57%；自然人成交额为 1.85 亿元，占全省技术合同登记成交额 0.06%。

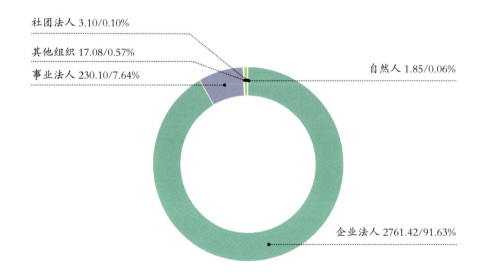

图 1-2-7　2021 年技术合同卖方登记构成（单位：亿元）

6. 社会－经济目标构成

2021年，其他民用目标位居受让技术所服务的社会－经济目标的首位，技术合同登记16348项，成交额为866.05亿元，同比增长68.81%，占全省技术合同登记成交额的28.74%；以促进工商业发展为目标的技术合同登记12871，成交额为697.22亿元，同比增长36.03%，占全省技术合同登记成交额的23.14%，居第二位；服务于社会发展和社会服务的技术合同登记成交额为385.41亿元，同比增长2.68%，占全省技术合同登记成交额的12.79%，居第三位。

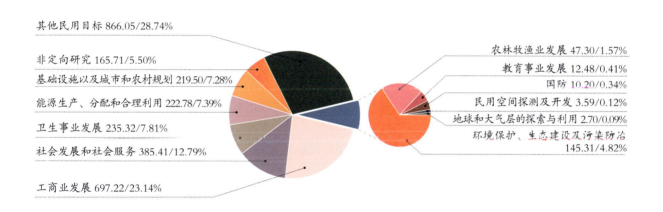

图1-2-8　2021年全省技术合同社会－经济目标构成（单位：亿元）

7. 重大技术合同构成

2021年，1000万元以上重大技术合同登记3541项，成交额为1954.81亿元，占全省技术合同登记成交额的64.87%，平均每份重大技术合同登记成交额为5520.51万元。

技术开发为重大技术交易的主要合同类型。2021年成交额为907.16亿元，占全省重大技术合同登记成交额的46.41%，平均每份技术开发合同登记成交额为4446.89万元；技术服务类型的重大技术合同登记成交额位居第二，为543.92亿元，占全省重大技术合同登记成交额的27.82%，平均每份技术服务重大技术合同登记成交额为4800.74万元；技术转让（许可）类型的重大技术合同登记成交额增长迅速，成交额为452.38亿元，同比增长73.79%；技术咨询类型的重大技术合同登记成交额为51.34亿元，占全省重大技术合同登记成交额的2.63%。

图 1-2-9　2021 年全省重大技术合同类别构成

先进制造是重大技术交易的主要领域。2021 年，在全省重大技术合同中，先进制造领域的技术合同登记成交额为 624.32 亿元，占全省重大技术合同登记成交额的 31.94%；电子信息领域技术合同登记成交额为 406.64 亿元，占全省重大技术合同登记成交额的 20.80%，位列第二；生物、医药和医疗器械领域技术合同登记成交额为 323.76 亿元，占全省重大技术合同登记成交额的 16.56%位列第三。

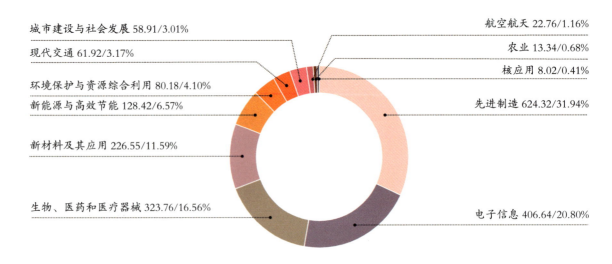

图 1-2-10　2021 年全省重大技术合同领域构成（单位：亿元）

专利和技术秘密是重大技术交易最主要的知识产权类型。2021年，涉及专利的重大技术合同登记成交额为490.00亿元，占全省重大技术合同登记成交额的25.07%；涉及技术秘密的重大技术合同登记成交额430.09亿元，占全省重大技术合同登记成交额的22.00%。

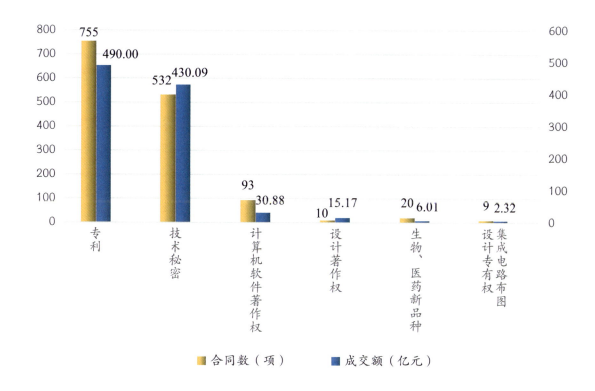

图1-2-11　2021年全省重大技术合同知识产权类别构成

8. 各级计划项目构成

2021年，各类科技计划项目登记技术合同6027项，成交额为543.79亿元，比上年减少140.83亿元，占全省技术合同登记成交额的13.37%。其中，省、自治区、直辖市及计划单列市计划项目登记技术合同1931项，成交额257.55亿元；地市县计划项目登记技术合同1852项，成交额77.43亿元；部门计划项目登记技术合同215项，成交额35.91亿元；国家科技计划项目登记技术合同2029项，成交额32.07亿元。

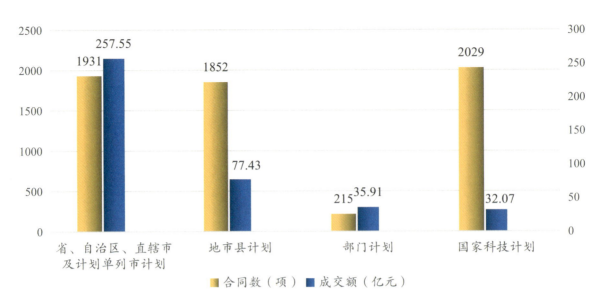

图 1-2-12 2021年全省技术交易计划类别构成

二、输出技术情况

1. 近五年全省输出技术情况

2021年，我省输出技术技术合同81982项，成交额为2606.17亿元。其中输出至省内51898项，成交额1463.18亿元；输出至省外30084项，成交额1142.99亿元。

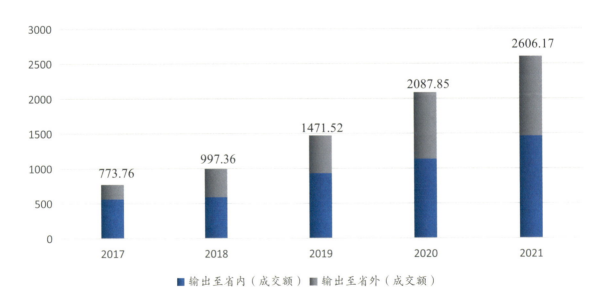

图 1-2-13 2017—2021年全省输出技术情况（单位：亿元）

2. 输出技术至省内合同类别构成

2021年,在技术开发、技术转让(许可)、技术咨询、技术服务等各类技术合同中,技术开发合同输出至省内占比最高,输出24260项,占全省输出技术合同项数的46.75%;成交额为952.18亿元,占全省输出技术合同成交额的65.08%。技术服务合同位列其后,输出项数为20200项,占全省输出技术合同项数的38.92%,成交额为384.99亿元,占全省输出技术合同成交额的26.31%。技术转让(许可)合同成交额为101.62亿元,占全省输出技术合同成交额的6.95%。技术咨询合成交额24.39亿元,占全省输出技术合同成交额的1.67%。

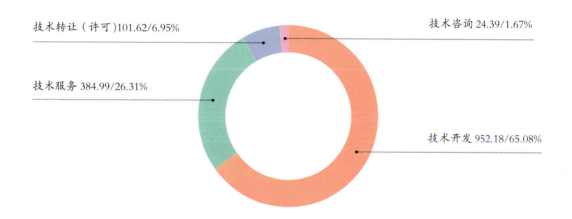

图 1-2-14　2021年输出技术至省内的合同类别构成(单位:亿元)

3. 输出技术至省内技术领域构成

2021年,输出至省内的先进制造、电子信息和生物医药技术领域技术合同成交额位居输出技术至省内成交额前三。其中输出先进制造领域的成交额持续保持领先地位,达494.53亿元,占输出技术至省内的技术合同成交额的33.80%;电子信息技术在各类技术领域中居第二位,成交额为317.38亿元,占输出技术至省内的技术合同成交额的21.69%;生物医药居第三位,成交额为166.28亿元,占输出技术至省内的技术合同成交额的11.36%。

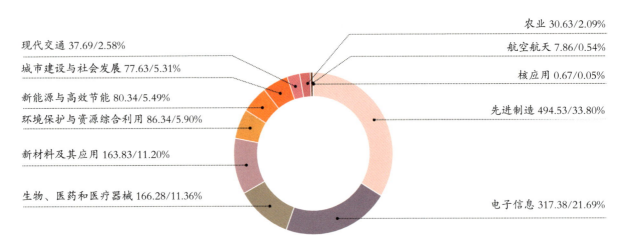

图 1-2-15　2021年输出技术至省内的技术领域构成（单位：亿元）

4. 输出技术至省内知识产权构成

2021年，输出技术至省内涉及知识产权的技术合同14741项，成交额为532.64亿元，占输出技术至省内的技术合同成交额的36.40%。其中，涉及专利技术合同7326项，成交额336.31亿元，占输出技术至省内的技术合同成交额的22.98%；技术秘密成交5140项，成交额154.54亿元，占输出技术至省内的技术合同成交额的10.56%；计算机软件著作权合同成交1916项，成交额为25.67亿元，占输出技术至省内的技术合同成交额的1.75%。

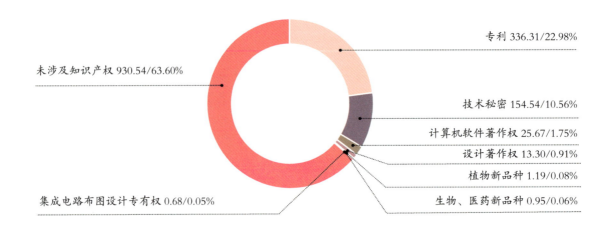

图 1-2-16　2021年输出技术至省内的知识产权构成（单位：亿元）

5. 输出技术至省内卖方主体构成

2021年，企业法人在输出技术至省内的卖方构成中位居第一，成交额为1312.14亿元，占全省输出技术至省内合同成交额的89.68%。事业法人在输出技术至省内的卖方构成中位居第二，技术合同成交额为144.59亿元，占输出技术至省内的技术合同成交额的9.88%；社团法人成交额为3.03亿元，占输出技术至省内合同成交额的0.21%。

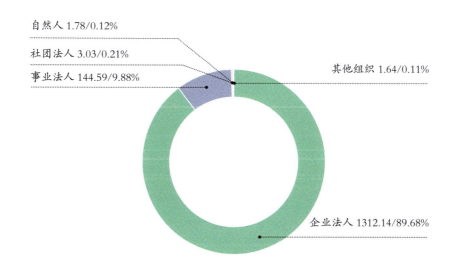

图1-2-17　2021年输出技术至省内卖方主体构成（单位：亿元）

6. 输出技术至省内社会经济目标构成

2021年，输出技术至省内的其他民用目标位居服务社会经济目标的首位，输出技术合同10886项，成交额为412.51亿元，占输出技术至省内的技术合同成交额的28.19%；输出以促进工商业发展为目标的技术合同8759项，成交额为325.07亿元，占输出技术至省内的技术合同成交额的22.22%，居第二位；输出服务于社会发展和社会服务的技术合同成交额为203.64亿元，占输出技术至省内的技术合同成交额的13.92%，居第三位。

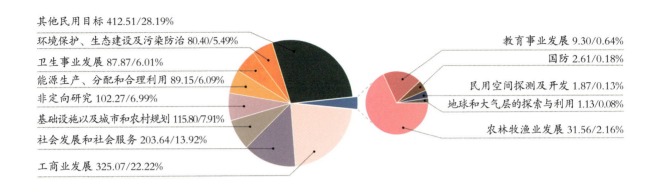

图 1-2-18　2021年输出技术至省内社会经济目标构成（单位：亿元）

三、吸纳技术情况

1. 近五年全省吸纳技术情况

2021年，全省吸纳技术合同75702项，成交额2812.04亿元。其中技术交易主体省内吸纳技术合同51898项，成交额为1463.18亿元，占全省吸纳技术合同成交额的52.03%；技术交易主体省外吸纳技术合同23802项，成交额1348.86亿元。

图 1-2-19　2017-2021年全省吸纳技术合同情况（单位：亿元）

2. 吸纳技术合同类别构成

2021年，我省吸纳技术开发合同34281项，成交额为1271.48亿元，占全省吸纳技术合同成交额的45.22%；吸纳技术服务合同31383项，成交额为933.78亿元，占全省吸纳技术合同成交额的33.21%；吸纳技术转让（许可）、技术咨询合同分别为5921项、4117项，成交额分别为515.07亿元、91.70亿元，占全省吸纳技术合同成交额的18.32%、3.26%。

图1-2-20　2021年吸纳技术合同类别构成（单位：亿元）

3. 吸纳技术合同技术领域构成

2021年，吸纳技术合同主要集中在先进制造、电子信息、生物医药等领域，成交额依次为832.52亿元、470.52亿元、361.02亿元，分别占全省吸纳技术合同成交额的29.61%、16.73%、12.84%。

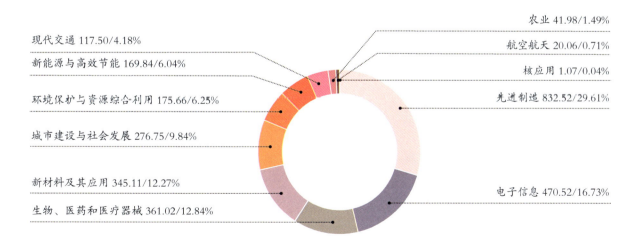

图1-2-21　2021年吸纳技术合同领域构成（单位：亿元）

4. 吸纳技术合同知识产权构成

2021年，吸纳涉及知识产权的技术合同成交项数为23887项，成交额为1191.11亿元，占全省吸纳技术合同成交额的42.36%。其中，吸纳涉及专利的技术合同成交项数为9050项，成交额为583.47亿元，占全省吸纳涉及知识产权技术合同成交额的20.75%；吸纳涉及技术秘密、计算机软件著作权的技术合同成交额排名第二、第三，分别为499.40亿元、59.74亿元，成交9777项、3953项。

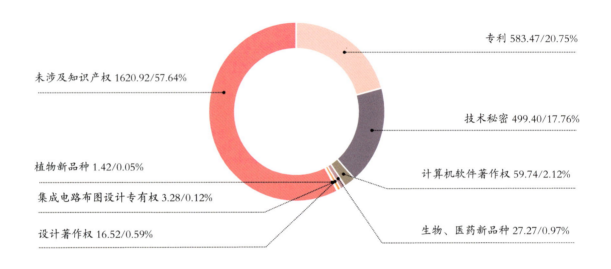

图1-2-22　2021年吸纳技术合同知识产权构成（单位：亿元）

5. 吸纳技术合同技术交易主体构成

2021年，企业法人吸纳技术合同成交项数为61648项，成交额为2281.73亿元，占全省吸纳技术合同成交额的81.14%；机关法人吸纳技术合同成交项数为6507项，成交额为434.15亿元；事业法人吸纳技术合同成交项数为6401项，成交额为75.43亿元；其他组织吸纳技术合同成交项数为605项，成交额为13.72亿元。

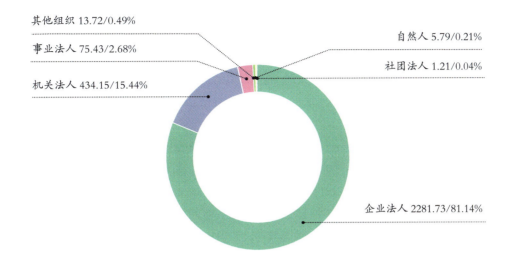

图 1-2-23　2021 年江苏省吸纳技术合同买方构成（单位：亿元）

6. 吸纳技术合同社会 - 经济目标构成

2021 年，吸纳其他民用目标领域的技术合同成交项数为 15540 项，成交额为 688.21 亿元，占全省吸纳技术合同成交额的 24.47%；吸纳促进工商业发展、社会发展和社会服务、基础设施以及城市的技术合同成交额分别为 572.96 亿元、401.84 亿元、286.18 亿元，位居第二、第三、第四。

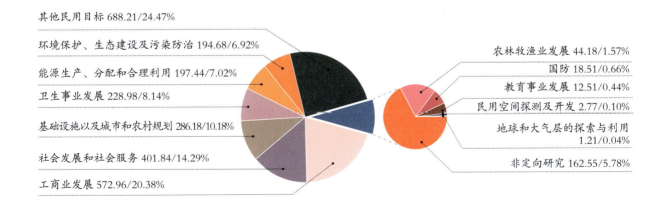

图 1-2-24　2021 年吸纳技术合同社会 - 经济目标构成（单位：亿元）

第三节　设区市技术交易

一、合同登记情况

1. 合同登记基本情况

2021年，技术合同登记成交额排名前三的地区为南京、苏州、无锡，分别为752.38亿元、625.51亿元、387.71亿元，三地登记成交额达1765.61亿元，占全省技术合同登记成交额的58.59%；技术合同登记成交额同比增幅排名前三的是盐城、镇江、淮安，分别为84.98%、76.55%、64.79%。

图 1-3-1　2021年各设区市技术合同登记情况（单位：亿元）

2. 计划外项目登记情况

2021年，计划外项目技术合同登记成交额排名前三的地区为南京、苏州、无锡，分别为655.83亿元、528.17亿元、345.87亿元，三地登记成交额达1529.87亿元，占全省计划外项目登记成交额的58.60%。

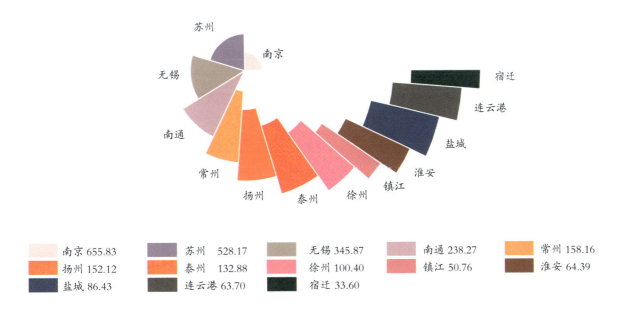

图 1-3-2　2021年各设区市计划外项目技术合同登记情况（单位：亿元）

3. 各设区市合同类别构成

2021年，在技术开发、技术转让（许可）、技术咨询、技术服务等各类技术合同中，技术开发合同是设区市主要的合同类型，技术开发合同登记成交额占本地区技术合同登记成交额比重排名前三的是南通、宿迁、淮安，分别为85.93%、76.47%、70.88%。

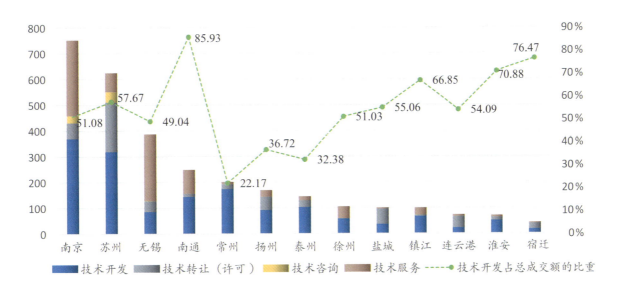

图 1-3-3　2021年各设区市合同类别构成（单位：亿元，%）

4. 各设区市合同技术领域分析

2021年,全省涉及先进制造、电子信息和生物医药技术领域技术合同登记成交额全省排名前三,从地域分布来看先进制造、电子信息和生物医药技术领域技术合同登记成交额之和排名前三的为南京、苏州、无锡,成交额分别为511.32亿元、459.94亿元、235.97亿元。

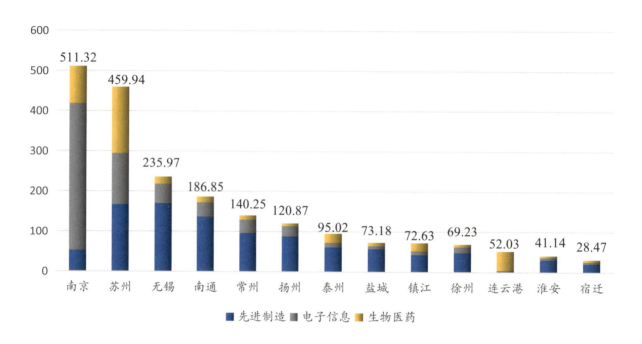

图 1-3-4　2021年各设区市合同技术领域分析（单位：亿元）

5. 各设区市合同知识产权分析

2021年,全省涉及知识产权技术合同24067项,成交额为1329.85亿元。其中全省排名前三的分别是涉及专利、技术秘密、计算机软件著作权合同,从地域分布来看涉及专利、技术秘密、计算机软件著作权成交额之和排名前三的分别是苏州、南京、南通,登记成交额分别为337.14亿元、226.70亿元、141.03亿元。

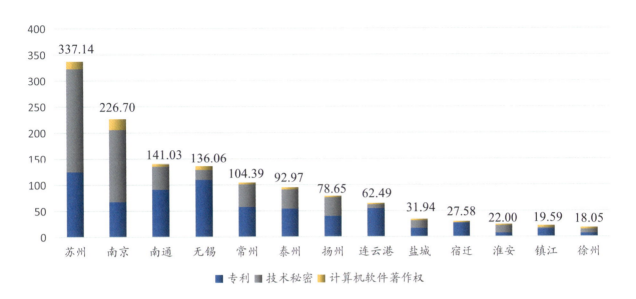

图 1-3-5　2021年各设区市合同知识产权分析（单位：亿元）

6. 各设区市合同社会－经济目标分析

2021年，其他民用目标、促进工商业发展、服务于社会发展和社会服务的技术合同登记成交额居全省排名前三位，从地域分布来看三者成交额之和排名前三的是苏州、南京、无锡，登记成交额分别为415.04亿元、394.54亿元、252.86亿元。

图 1-3-6　2021年各设区市合同社会－经济目标分析（单位：亿元）

7. 各设区市登记技术合同登记成交额占 GDP 比重

2021 年，南京、无锡、苏州三市技术合同登记成交额占 GDP 的比重均超过全省平均水平。其中南京技术合同登记成交额 752.38 亿元，占南京地区 GDP 的 4.60%，高于全省平均水平（2.57%）2.03 个百分点。

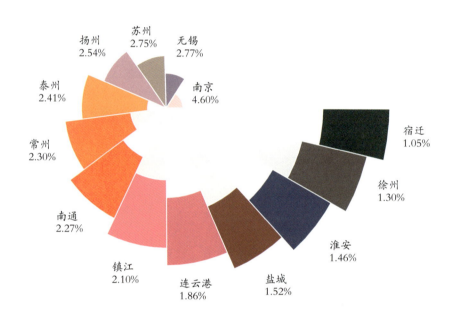

图 1-3-7　2021 年各设区市技术合同登记成交额占 GDP 比重

二、输出技术情况

1. 输出技术基本情况

2021 年，输出技术合同成交额排名前三的地区为南京、苏州、无锡，成交额分别为 715.96 亿元、447.36 亿元、350.39 亿元，三地输出成交额达 1513.71 亿元，占全省输出技术合同成交额的 50.23%；输出技术合同成交额同比增幅排名前三的是镇江、徐州、无锡，分别为 74.42%、62.84%、62.62%。

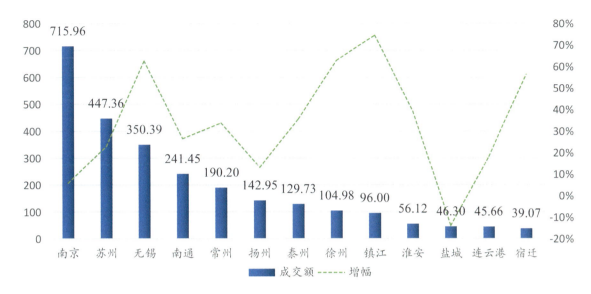

图 1-3-8　2021 年各设区市输出技术合同情况（单位：亿元）

2. 各设区市输出技术合同类别构成

2021 年，在技术开发、技术转让（许可）、技术咨询、技术服务等各类技术合同中，技术开发是设区市输出技术合同的主要合同类型，输出技术开发合同成交额占本地区输出技术合同成交额比重排名前三的是淮安、常州、泰州，分别为 90.54%、88.72%、79.34%。

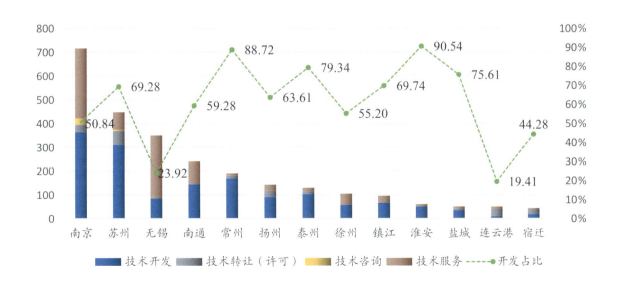

图 1-3-9　2021 年各设区市输出技术合同类别构成（单位：亿元，%）

3. 各设区市输出技术合同技术领域分析

2021 年，先进制造、电子信息、生物医药为全省输出技术的主要技术领域，从地域分布来看，三者输出成交额之和排名前三的是南京、苏州、无锡，输出成交额分别为 499.39 亿元、347.00 亿元、214.70 亿元。

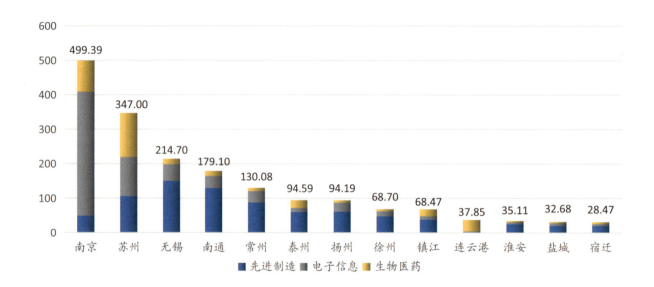

图 1-3-10　2021 年各设区市输出技术合同技术领域分析（单位：亿元）

4. 各设区市输出技术合同知识产权分析

2021 年，全省输出涉及知识产权技术合同 23668 项，成交额 1018.97 亿元。其中排名前三的知识产权类别是涉及专利、技术秘密、计算机软件著作权，从地域分布来看三者输出成交额之和排名前三的分别是苏州、南京、南通，输出成交额为 200.17 亿元、194.13 亿元、133.15 亿元。

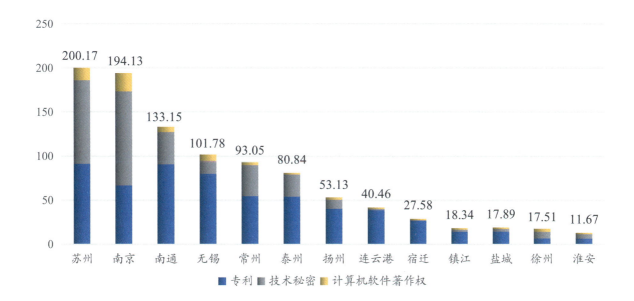

图 1-3-11　2021 年各设区市输出技术合同知识产权分析（单位：亿元）

5. 各设区市输出技术合同社会－经济目标分析

2021 年，全省输出技术合同成交额社会经济目标排名前三的是其他民用目标、工商业发展、服务于社会发展和社会服务，从地域分布来看三者输出成交额之和排名前三的分别是南京、苏州、无锡，输出成交额为 384.53 亿元、286.29 亿元、218.29 亿元。

图 1-3-12　2021 年各设区市输出技术合同社会－经济目标分析（单位：亿元）

6. 各设区市输出技术合同成交额占 GDP 比重

2021 年，南京、无锡两市输出技术合同成交额占 GDP 的比重超过全省平均水平。其中南京输出技术合同成交额 715.96 亿元，占南京地区 GDP 的 4.38%，高于全省平均水平（2.23%）2.15 个百分点。

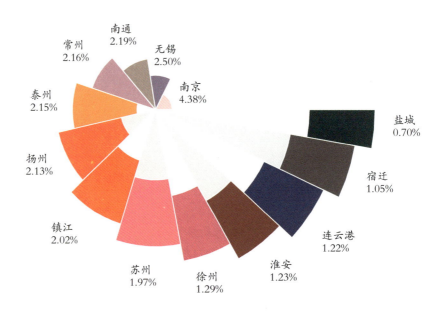

图 1-3-13　2021 年各设区市输出技术合同成交额占 GDP 比重

三、吸纳技术情况

1. 吸纳技术基本情况

2021 年，吸纳技术合同成交额排名前三的地区为南京、苏州、南通，成交额分别为 797.96 亿元、528.86 亿元、205.01 亿元，三地吸纳成交额达 1531.83 亿元，占全省吸纳技术合同成交额的 54.47%。

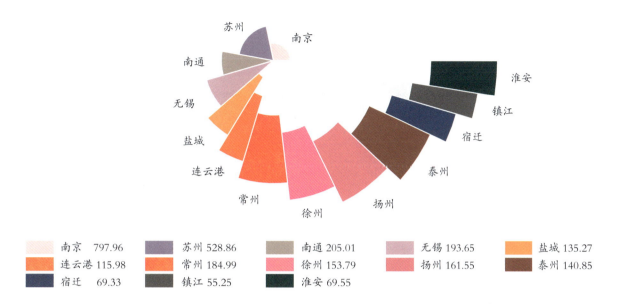

图 1-3-14　2021年各设区市吸纳技术合同情况（单位：亿元）

2. 各设区市吸纳技术合同类别构成

2021年，在技术开发、技术转让（许可）、技术咨询、技术服务等各类技术合同中，技术开发合同是各设区市吸纳技术合同的主要类型，从地域分布来看，吸纳技术开发合同成交额占本地区吸纳技术合同成交额比重排名前三的是常州、淮安、泰州，分别为69.67%、65.56%、57.52%。

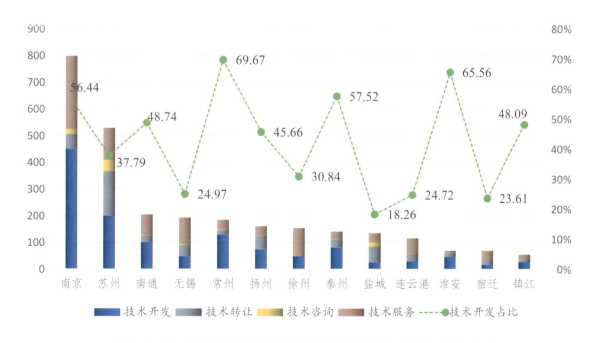

图 1-3-15　2021年各设区市吸纳技术合同类别构成（单位：亿元，%）

045

3. 各设区市吸纳技术合同技术领域分析

2021 年，吸纳先进制造、电子信息和生物医药技术领域的技术合同成交额全省排名前三，从地域分布来看吸纳先进制造、电子信息和生物医药技术领域的技术合同成交额之和排名前三的地区为南京、苏州、常州，吸纳成交额分别为 481.01 亿元、348.36 亿元、126.66 亿元。

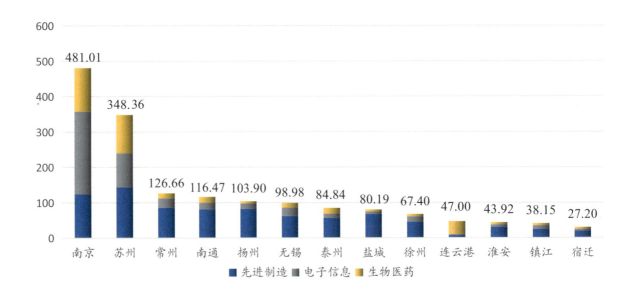

图 1-3-16　2021 年各设区市吸纳技术合同技术领域分析（单位：亿元）

4. 各设区市吸纳技术合同知识产权分析

2021 年，全省吸纳涉及知识产权技术合同 22780 项，成交额为 1142.61 亿元。其中全省排名前三的分别是涉及专利、技术秘密、计算机软件著作权合同，从地域分布来看吸纳涉及专利、技术秘密、计算机软件著作权成交额之和排名前三的是南京、苏州、常州，吸纳成交额分别为 273.43 亿元、252.67 亿元、86.25 亿元。

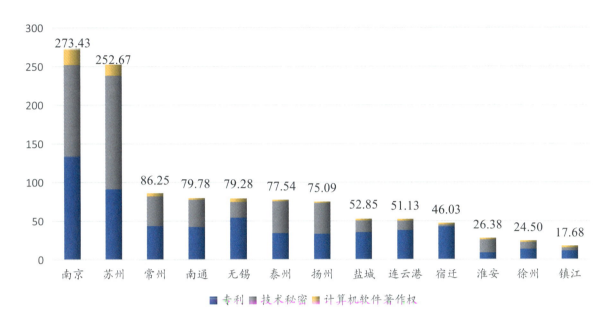

图1-3-17　2021年各设区市吸纳技术合同知识产权分析（单位：亿元）

5. 各设区市吸纳技术合同社会-经济目标分析

2021年，全省吸纳技术合同成交额社会-经济目标排名前三的是其他民用目标、工商业发展、服务于社会发展和社会服务，从地域分布来看三者吸纳成交额之和排名前三的是南京、苏州、常州，吸纳成交额分别为418.60亿元、358.38亿元、135.97亿元。

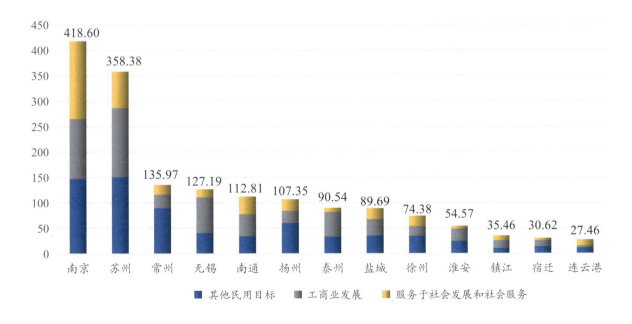

图1-3-18　2021年各设区市吸纳技术合同社会-经济目标分析（单位：亿元）

6. 各设区市吸纳技术合同成交额占 GDP 比重

2021 年，南京、连云港、扬州三市吸纳技术合同成交额占 GDP 的比重超过全省平均水平。其中南京吸纳技术合同成交额 797.96 亿元，占南京地区 GDP 的 4.88%，高于全省平均水平（2.40%）2.48 个百分点。

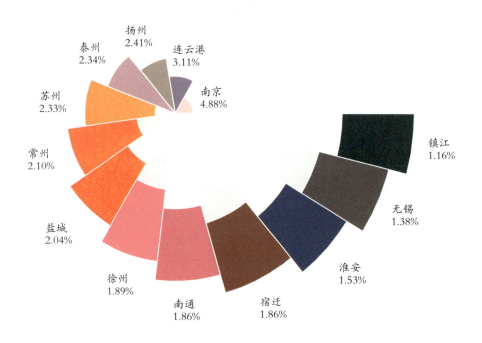

图 1-3-19　2021 年各设区市吸纳技术合同成交额占 GDP 比重

第四节　高校技术交易

一、输出技术情况

1. 输出技术合同情况

2021年，高校输出技术合同27009项，成交额为124.81亿元，占事业法人输出技术合同成交额的54.24%。其中，东南大学、南京大学、中国药科大学输出成交额居省内高校前三；东南大学输出成交额连续四年位居省内高校第一。

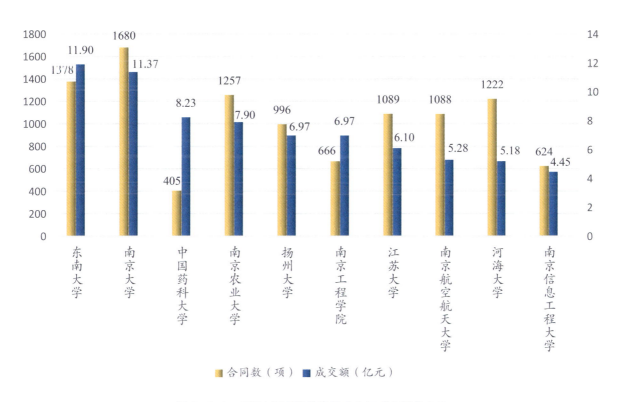

图 1-4-1　2021年高校输出技术合同成交额前十位

2. 输出技术合同类别构成

2021年，在技术开发、技术转让（许可）、技术咨询、技术服务等各类技术合同中，技术开发是高校输出技术的主要合同类型，输出12212项，占高校输出技术合同项数的45.21%；成交额为68.35亿元，占高校输出技术合同成交额的54.76%。

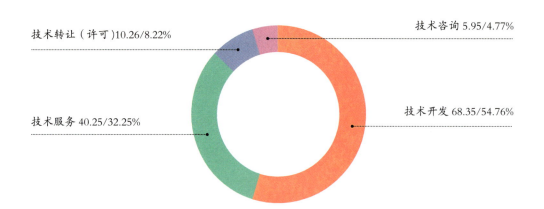

图 1-4-2 2021 年高校输出技术合同类别构成（单位：亿元）

3. 输出技术合同技术领域构成

2021 年，高校输出技术合同主要集中在生物医药、先进制造、电子信息等领域，输出成交额依次为 24.28 亿元、21.20 亿元、19.47 亿元，分别占高校输出技术合同成交额的 19.45%、16.99%、15.60%。

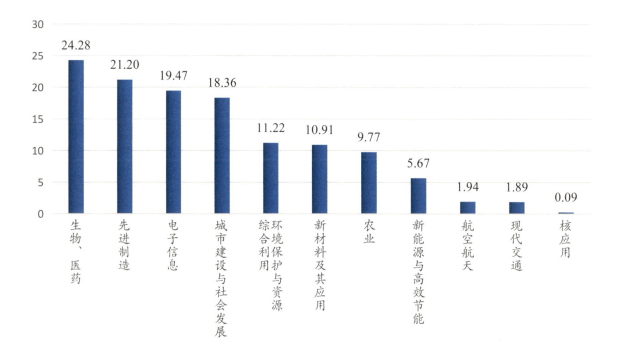

图 1-4-3 2021 年高校输出技术合同技术领域构成（单位：亿元）

4. 输出技术合同知识产权构成

2021年，高校输出涉及知识产权技术合同7103项，成交额为29.63亿元，占高校输出技术合同成交额的23.74%。其中，输出涉及专利的技术合同3756项，成交额为15.04亿元，占高校输出技术合同成交额的12.05%；输出涉及技术秘密、计算机软件著作权的技术合同成交额排名第二、第三，分别为13.18亿元、0.99亿元，成交3005项、224项。

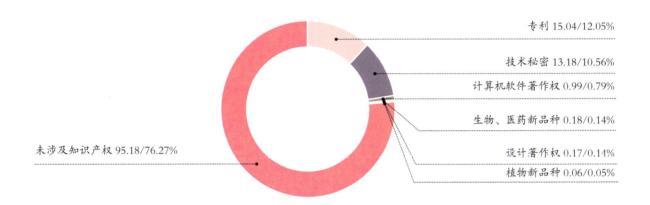

图 1-4-4　2021年高校输出技术合同知识产权构成（单位：亿元）

5. 输出技术合同社会－经济目标构成

2021年，输出涉及社会发展和社会服务领域的技术合同为5212项，输出成交额为25.07亿元，占高校输出技术合同成交额的20.09%。输出涉及促进工商业发展、卫生事业发展、其他民用目标的技术合同成交额分别为19.45亿元、17.65亿元、15.98亿元，位居第二、第二、第四。

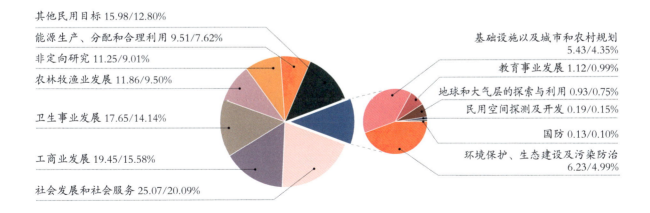

图 1-4-5　2021年高校输出技术合同社会－经济目标构成（单位：亿元）

6. 输出技术合同受让方地域构成

2021年，江苏省高校输出至省内技术合同18007项，成交额74.05亿元，占高校输出技术成交额的59.33%，位居高校输出技术第一，其次是输出至北京、广东分别为3257项、677项，输出成交额为23.80亿元、4.22亿元。

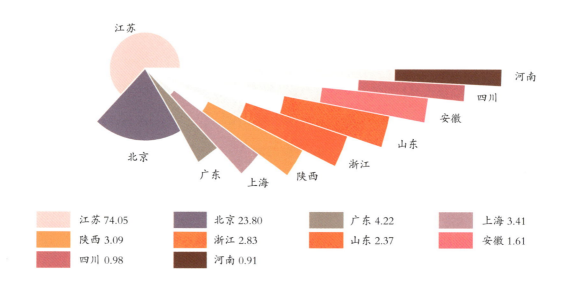

图1-4-6　2021年高校输出技术合同受让方地域前十位（单位：亿元）

二、输出计划外项目情况

1. 输出计划外技术合同情况

2021年，高校输出计划外技术合同23643项，成交额为99.53亿元，占高校输出技术合同成交额的79.75%。其中，南京大学、中国药科大学、东南大学输出计划外技术合同成交额居省内高校前三。

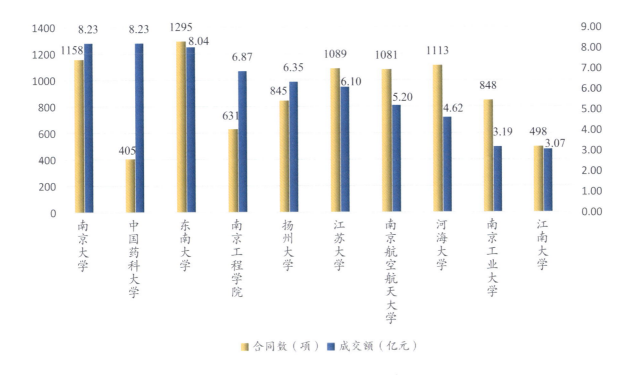

图 1-4-7　2021年高校输出计划外技术合同情况

2. 输出计划外技术合同类别构成

2021年，在技术开发、技术转让（许可）、技术咨询、技术服务等各类技术合同中，技术开发是高校输出计划外技术合同的主要类型，输出10249项，占高校输出计划外技术合同项数的43.35%；成交额为53.73亿元，占高校输出计划外技术合同成交额的53.98%。

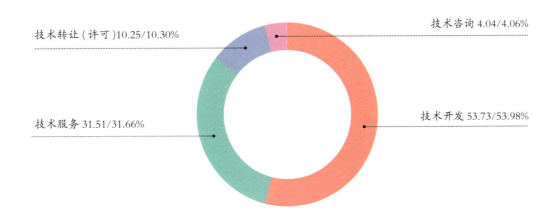

图 1-4-8　2021年高校输出计划外技术合同类别构成（单位：亿元）

3. 输出计划外技术合同技术领域构成

2021年，高校输出计划外技术合同主要集中在先进制造、生物医药、城市建设与社会发展等技术领域，成交额依次为20.70亿元、16.86亿元、16.56亿元，分别占高校输出计划外技术合同成交额的20.80%、16.94%、16.64%。

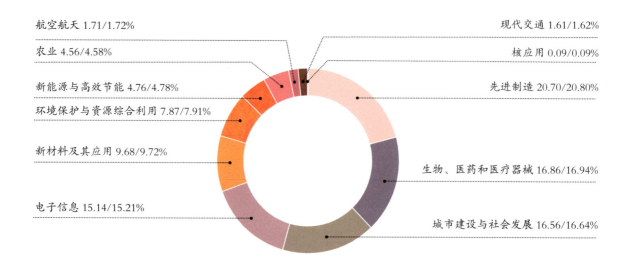

图1-4-9　2021年高校输出计划外技术合同技术领域构成（单位：亿元）

4. 输出计划外技术合同知识产权构成

2021年，高校输出计划外涉及知识产权技术合同6709项，成交额为27.31亿元，占高校输出计划外技术合同成交额的27.44%。其中，涉及专利的技术合同成交项数为3507项，成交额为13.58亿元，占高校输出计划外技术合同成交额的13.64%；输出涉及技术秘密、计算机软件著作权的技术合同成交额排名第二、第三，分别为12.48亿元、0.96亿元，成交2879项、216项。

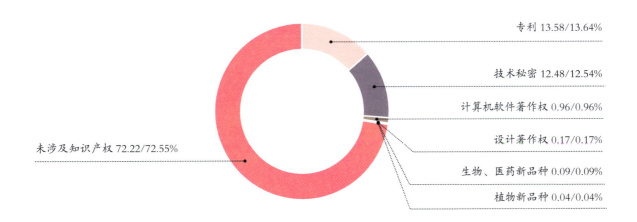

图 1-4-10　2021 年高校输出计划外技术合同知识产权构成（单位：亿元）

5. 输出计划外技术合同社会-经济目标构成

2021 年，输出计划外促进社会发展和社会服务领域的技术合同 4986 项，成交额为 22.99 亿元，占高校输出计划外技术合同成交额的 23.10%；输出计划外促进工商业发展、卫生事业发展、其他民用目标的技术合同成交额分别为 19.26 亿元、12.53 亿元、10.66 亿元，位居第二、第三、第四。

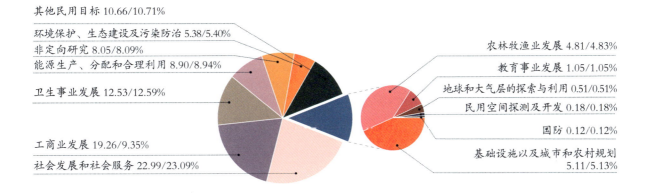

图 1-4-11　2021 年高校输出计划外技术合同社会-经济目标构成（单位：亿元）

6. 输出计划外技术合同受让方地域构成

2021 年，江苏省高校输出至省内计划外技术合同 16877 项，成交额 68.47 亿元，占高校输出计划外技术合同成交额的 68.79%，位居高校技术输出第一，其次是输出至北京、广东分别为 1093 项、665 项，成交额为 4.75 亿元、4.08 亿元。

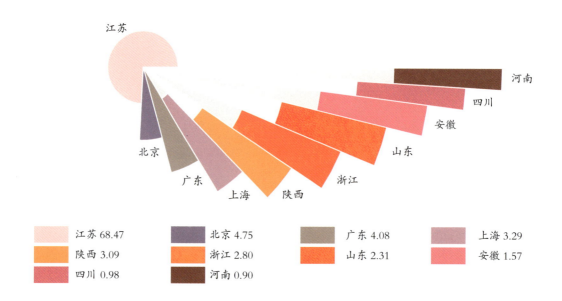

图 1-4-12　2021 年高校输出计划外合同受让方地域构成（单位：亿元）

第五节　科研机构技术交易

一、合同登记情况

1. 技术合同输出情况

2021年，科研机构输出技术合同6375项，成交额为85.60亿元，占事业法人输出技术合同成交额的37.20%，占全省输出技术合同成交额的2.84%。其中材料科学姑苏实验室、江苏省产业技术研究院（含加盟院所）、中国船舶重工集团公司第七〇二研究所位居科研机构前三名，成交额分别为17.12亿元、13.18亿元、6.03亿元。

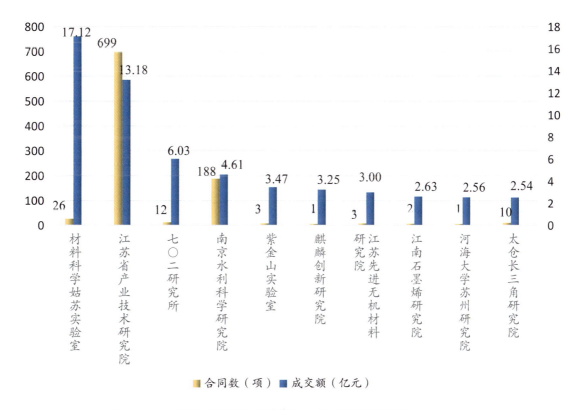

图1-5-1　2021年科研机构输出技术合同成交额排名前十位

2. 输出技术合同类别构成

2021年，在技术开发、技术转让（许可）、技术咨询、技术服务等各类技术合同中，技术开发是科研机构输出技术的主要合同类型，输出1104项，占科研机构输出技术合同项数的67.24%；输出成交额为65.39亿元，占高校输出技术合同成交额的68.11%。

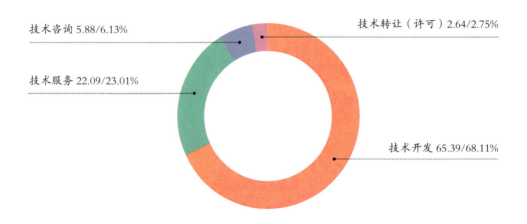

图 1-5-2　2021 年科研机构输出技术合同类别构成（单位：亿元）

3. 输出技术合同技术领域构成

2021 年，科研机构输出技术合同主要集中在先进制造、电子信息、新材料及其应用等领域，成交额依次为 29.27 亿元、14.64 亿元、14.06 亿元，分别占科研机构输出技术合同成交额的 30.49%、15.25%、14.65%。

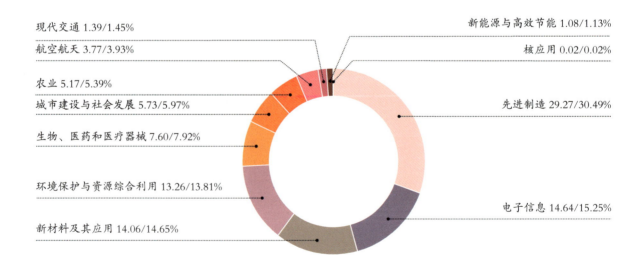

图 1-5-3　2021 年科研机构输出技术合同技术领域构成（单位：亿元）

4. 输出技术合同知识产权构成

2021年，科研机构输出涉及知识产权技术合同1639项，成交额为26.32亿元，占科研机构输出技术合同成交额的27.42%。其中，输出涉及专利的技术合同成交项数为325项，成交额为17.64亿元，占科研机构输出技术合同成交总额的18.38%；输出涉及技术秘密、计算机软件著作权的技术合同成交额排名第二、第三，分别为6.73亿元、0.95亿元，成交924项、269项。

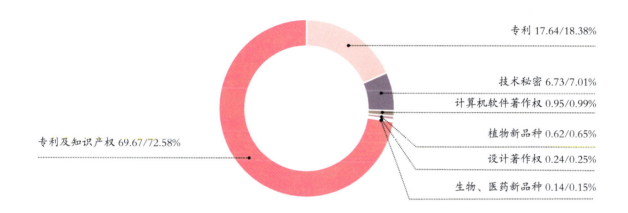

图 1-5-4　2021年科研机构输出技术合同知识产权构成（单位：亿元）

5. 输出技术合同社会-经济目标构成

2021年，输出涉及其他民用目标领域的技术合同466项，成交额为29.91亿元，占科研机构输出技术合同成交额的31.15%。输出涉及社会发展和社会服务、非定向研究、环境保护和生态建设及污染防治的技术合同成交额分别为13.59亿元、12.23亿元、11.18亿元，位居第二、第三、第四。

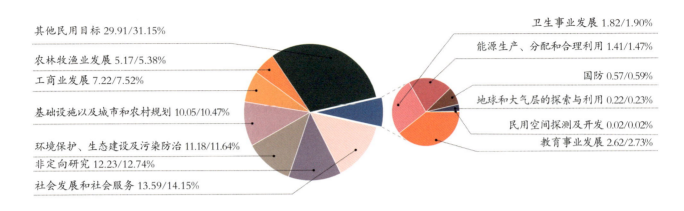

图 1-5-5　2021 年科研机构输出技术合同社会－经济目标构成（单位：亿元）

6. 输出技术合同受让方地域构成

2021 年，江苏省科研机构输出至省内技术合同 4228 项，成交额 59.80 亿元，占科研机构技术输出成交额的 62.30%，位居科研机构技术输出第一，其次是输出至北京、上海分别为 424 项、293 项，成交额为 17.35 亿元、6.05 亿元。

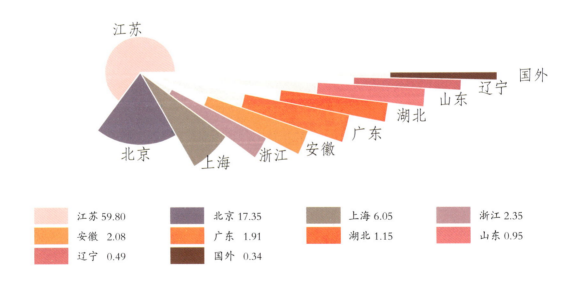

图 1-5-6　2021 年科研机构输出技术合同受让方地域前十位（单位：亿元）

二、计划外项目基本情况

1. 输出计划外技术合同情况

2021年，科研机构输出计划外技术合同6596项，成交额为61.58亿元，占科研机构输出技术合同成交额的71.94%。其中，材料科学姑苏实验室、中国船舶重工集团公司第七〇二研究所、江苏省产业技术研究院输出计划外技术合同成交额居省内科研机构前三。

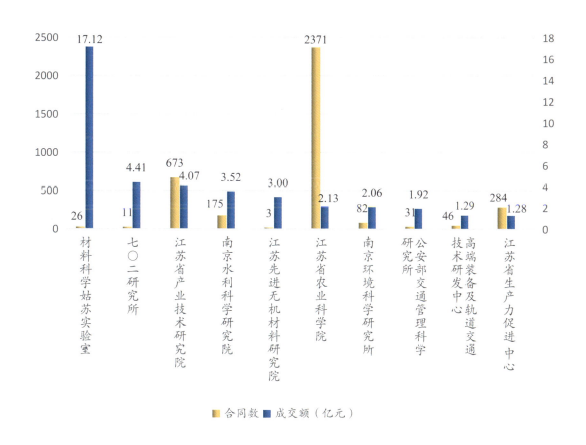

图 1-5-7　2021年科研机构输出计划外技术合同成交额排名前十位

2. 输出计划外技术合同类别构成

2021年，在技术开发、技术转让（许可）、技术咨询、技术服务等各类技术合同中，技术开发是科研机构输出计划外技术合同的主要合同类型，输出972项，占科研机构输出计划外技术合同总项数的14.74%；成交额35.74亿元，占科研机构输出技术合同成交总额的58.04%。

技术咨询 4.69/7.62%　　　　技术转让（许可）2.64/4.29%

技术服务 18.51/30.06%　　　技术开发 35.74/58.04%

图 1-5-8　2021 年科研机构输出计划外技术合同类别构成（单位：亿元）

3. 输出计划外技术合同技术领域构成

2021 年，科研机构输出计划外技术合同主要集中在先进制造、新材料及其应用、电子信息等领域，成交额依次为 19.16 亿元、10.55 亿元、8.70 亿元，分别占科研机构输出计划外技术合同成交额的 31.12%、17.13%、14.13%。

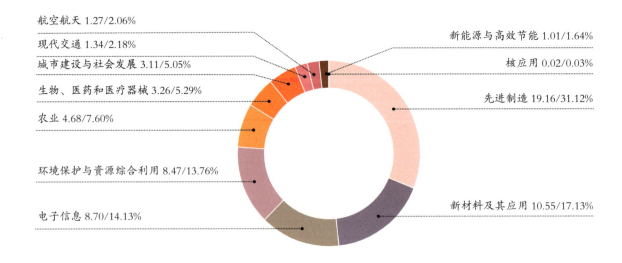

图 1-5-9　2021 年科研机构输出计划外技术合同技术领域构成（单位：亿元）

4. 输出计划外技术合同知识产权构成

2021年，科研机构输出计划外涉及知识产权技术合同1576项，成交额为10.56亿元，占科研机构输出计划外技术合同成交额的17.15%。其中，涉及技术秘密的技术合同成交908项，成交额为5.43亿元，占科研机构输出计划外技术合同成交总额的8.82%；输出涉技术秘密、计算机软件著作权的技术合同成交额排名第二、第三，分别为3.40亿元、0.94亿元，成交290项、268项。

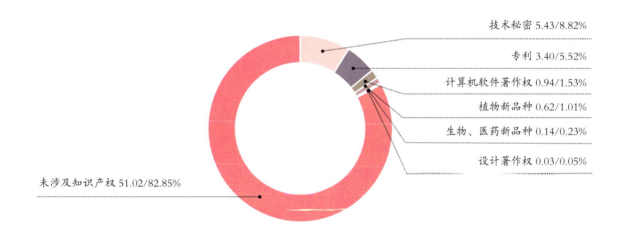

图1-5-10　2021年科研机构输出计划外技术合同知识产权构成（单位：亿元）

5. 输出计划外技术合同社会–经济目标构成

2021年，输出计划外涉及其他民用目标领域的技术合同444项，成交额为22.94亿元，占科研机构输出计划外技术合同成交额的37.25%。输出涉及社会发展和社会服务、环境保护、非定向研究、农林牧渔业发展的技术合同成交额分别为9.41亿元、9.07亿元、6.53亿元，位居第二、第三、第四。

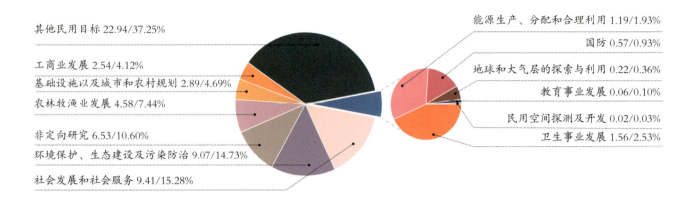

图 1-5-11　2021年科研机构输出计划外技术合同社会－经济目标构成（单位：亿元）

6. 输出计划外技术合同受让方地域构成

2021年，江苏省科研机构输出至省内计划外技术合同4081项，成交额35.59亿元，占科研机构输出计划外技术合同成交额的57.79%，位居科研机构技术输出第一，其次是输出至北京、上海分别为352项、290项，成交额为7.54亿元、6.04亿元。

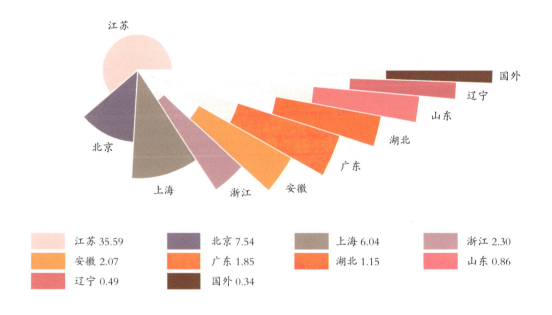

图 1-5-12　2021年科研机构输出计划外技术合同受让方地域前十位（单位：亿元）

第六节 企业技术交易

一、合同登记情况

1. 合同类别构成

2021年，企业登记技术合同48751项，成交额为2761.42亿元，同比增长29.06%，其中技术开发与技术服务合同登记成交额分别为1376.94亿元、794.01亿元，同比增长29.91%、11.71%；其中，小型企业登记24473项、成交额839.00亿元，中型企业登记11342项、成交额759.64亿元。

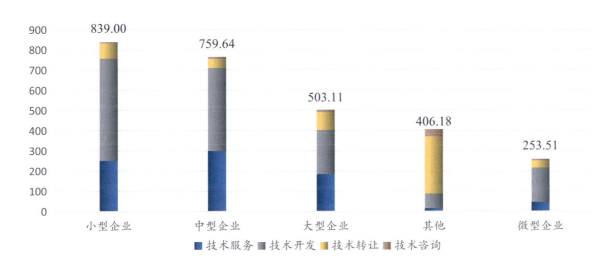

图1-6-1　2021年企业登记技术合同类别构成（单位：亿元）

2. 技术领域构成

2021年，企业登记技术合同主要集中在先进制造、电子信息、生物医药等领域，登记成交额依次为910.07亿元、656.91亿元、373.13亿元，分别占企业登记技术合同成交额的32.96%、23.79%、13.51%。

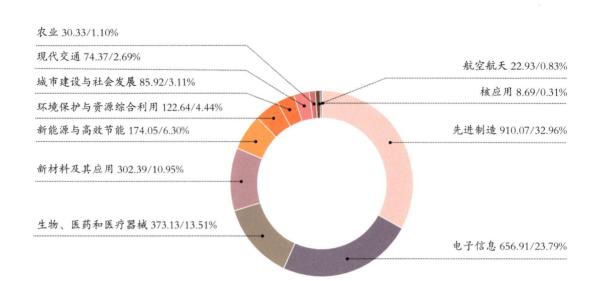

图 1-6-2　2021 年企业登记技术合同技术领域构成（单位：亿元）

3. 知识产权构成

2021 年，企业登记涉及知识产权技术合同 15537 项，成交额为 1249.47 亿元，占企业登记技术合同成交额的 45.25%。其中，登记涉及专利的技术合同成交项数为 6770 项，成交额为 631.61 亿元，占企业登记技术合同成交额的 22.87%；登记涉及技术秘密、计算机软件著作权的技术合同成交额排名第二、第三，分别为 527.03 亿元、61.04 亿元，成交 924 项、269 项。

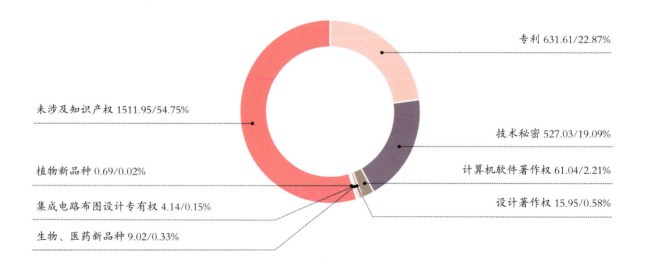

图 1-6-3　2021 年企业登记技术合同知识产权构成（单位：亿元）

4. 社会－经济目标构成

2021年，企业登记涉及其他民用目标领域的技术合同11770项，成交额为820.50亿元，占企业登记技术合同成交额的29.71%。登记涉及工商业发展、社会发展和社会服务、卫生事业发展技术合同成交额分别为654.76亿元、341.86亿元、213.99亿元，位居第二、第三、第四。

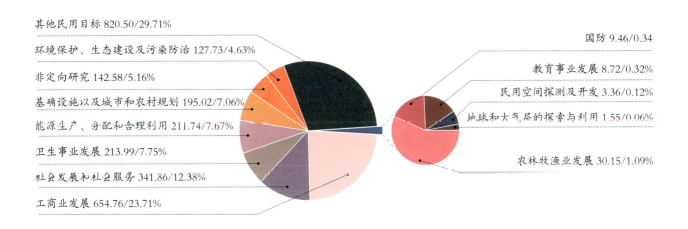

图 1-6-4　2021年企业登记技术合同社会－经济目标构成（单位：亿元）

二、输出技术情况

1. 合同类别构成

2021年，企业输出技术合同48200项，成交额为2354.61亿元，同比增长10.04%，其中输出技术开发与技术服务合同成交额分别1338.57亿元、791.17亿元；小型企业输出技术24464项、成交额834.29亿元，中型企业输出技术11334项、成交额756.91亿元。

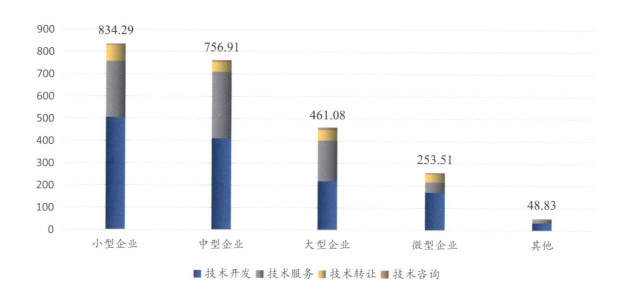

图 1-6-5　2021 年企业输出技术合同类别构成（单位：亿元）

2. 技术领域构成

2021 年，企业输出技术合同主要集中在先进制造、电子信息、生物医药等领域，输出成交额依次为 739.24 亿元、634.40 亿元、310.49 亿元，分别占企业输出技术合同成交额的 31.40%、26.94%、13.19%。

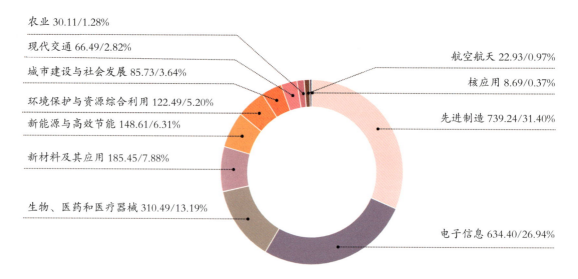

图 1-6-6　2021 年企业输出技术合同技术领域构成（单位：亿元）

3. 知识产权构成

2021年，企业输出涉及知识产权技术合同15172项，成交额为939.08亿元，占企业输出技术合同成交额的39.88%。其中，输出涉及专利的技术合同成交项数为6684项，成交额为541.73亿元，占企业输出技术合同成交额的23.01%；输出涉及技术秘密、计算机软件著作权的技术合同成交额排名第二、第三，分别为308.59亿元、60.95亿元，成交5609项、2443项。

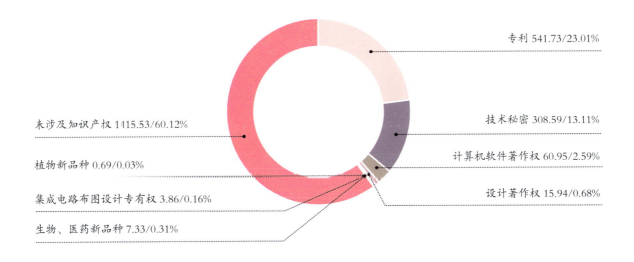

图 1-6-7　2021年企业输出技术合同知识产权构成（单位：亿元）

4. 社会－经济目标构成

2021年，企业输出涉及其他民用目标领域的技术合同成交项数为11585项，成交额为708.12亿元，占企业输出技术合同成交额的30.07%。输出涉及工商业发展、社会发展和社会服务、基础设施以及城市和农村规划的技术合同成交额分别为493.31亿元、323.19亿元、188.39亿元，位居第二、第三、第四。

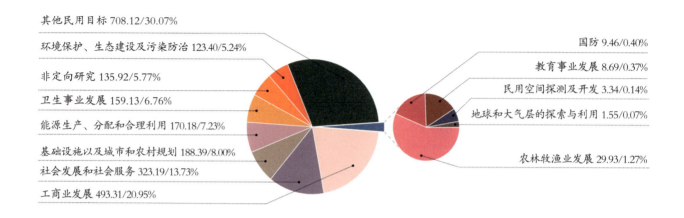

图 1-6-8　2021 年企业输出技术合同社会－经济目标构成（单位：亿元）

三、吸纳技术情况

1. 合同类别构成

2021 年，企业吸纳技术合同 61648 项，成交额为 2281.73 亿元，其中吸纳技术开发与技术服务合同成交额分别 896.09 亿元、800.96 亿元；其中，小型企业吸纳 7310 项、成交额 299.85 亿元，中型企业吸纳 4975 项，成交额 415.68 亿元。

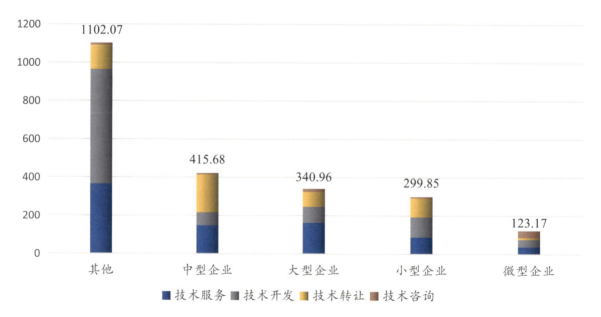

图 1-6-9　2021 年企业吸纳技术合同类别构成（单位：亿元）

2. 技术领域构成

2021年，企业吸纳技术合同主要集中在先进制造、电子信息、新材料及其应用等领域，成交额依次为724.25亿元、355.01亿元、307.39亿元，分别占企业吸纳技术合同成交额的31.74%、15.56%、13.47%。

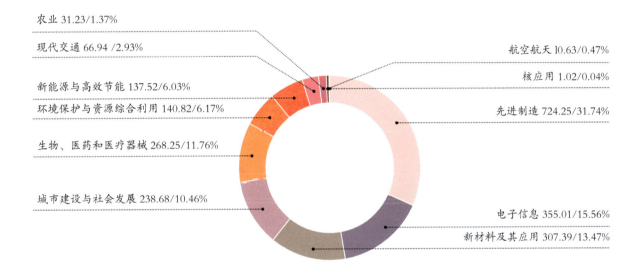

图1-6-10　2021年企业吸纳技术合同领域构成（单位：亿元）

3. 知识产权构成

2021年，企业吸纳涉及知识产权技术合同20002项，成交额为994.04亿元，占企业吸纳技术合同成交额的43.57%。其中，吸纳涉及技术秘密的技术合同成交项数为8249项，成交额为455.47亿元，占企业吸纳技术合同成交额的19.96%；吸纳涉及专利、计算机软件著作权的技术合同成交额排名第二、第三，分别为448.30亿元、46.45亿元，成交7698项、3057项。

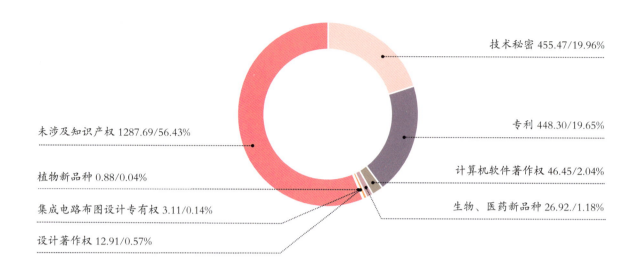

图 1-6-11　2021 年企业吸纳技术合同知识产权构成（单位：亿元）

4. 社会－经济目标构成

2021 年，企业吸纳涉及其他民用目标领域的技术合同 13953 项，成交额为 599.61 亿元，占企业吸纳技术合同成交额的 26.28%。吸纳涉及工商业发展、社会发展和社会服务、基础设施以及城市和农村规划的技术合同成交额分别为 489.57 亿元、293.27 亿元、212.90 亿元，位居第二、第三、第四。

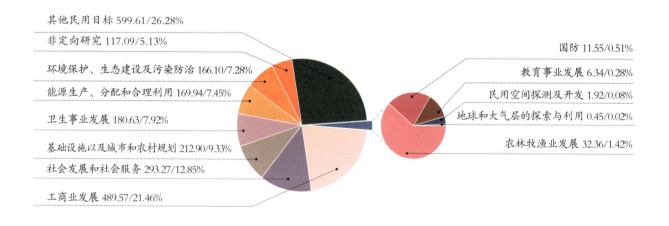

图 1-6-12　2021 年企业吸纳技术合同社会－经济目标构成（单位：亿元）

第二章 技术转移奖补

第一节 省技术转移奖补

为加快建设和完善全省技术转移政策，加强技术转移各方创新主体参与技术研发、技术转移、成果转化创新热情，推动技术交易高质量发展，我省先后出台《省政府关于加快推进全省技术转移体系建设的实施意见》（苏政发〔2018〕73号）、《省委省政府关于深化科技体制机制改革推动高质量发展若干政策》（苏发〔2018〕18号）、《江苏省技术转移奖补资金实施细则（试行）》（苏财教〔2018〕152号）、《江苏省技术转移奖补资金实施细则》（苏财教〔2021〕6号）系列政策，全方位推进技术转移体系建设，鼓励技术转移输出方、吸纳方、技术转移机构、技术经理人和合同登记机构积极开展技术转移工作。

2021年，省科技厅会同省财政厅共安排省技术转移奖补资金3086万元。其中，对162家技术转移输出方奖补335.96万元，对26家技术转移机构奖补132.60万元，对249家技术转移吸纳方奖补1695.15万元，对30家登记机构奖补915.29万元。

表2-1-1 2021年省技术转移奖补经费汇总表

单位：万元

地区	对技术转移输出方奖补	对技术转移吸纳方奖补	对技术合同登记机构奖补	对中介方奖补
南京市	222.70	238.76	429.71	
无锡市	8.79	206.67	93.74	
徐州市	7.94	43.25	16.56	
常州市	15.72	97.89	50.22	
苏州市	54.39	384.37	146.44	
南通市	7.51	168.58	58.58	
连云港市	4.63	29.27	17.14	

续表

地区	对技术转移输出方奖补	对技术转移吸纳方奖补	对技术合同登记机构奖补	对中介方奖补
淮安市	3.70	34.65	15.06	
盐城市	4.18	132.15	13.38	
扬州市	1.11	100.21	48.69	
镇江市	3.49	93.26	16.20	
泰州市	1.80	139.12	0.00	
宿迁市	0.00	26.97	9.57	
省技术产权交易市场				132.60

2021年修订的《江苏省技术转移奖补资金实施细则》，鼓励通过"揭榜挂帅"机制促成技术交易，我省企业通过省技术产权交易市场"成果拍卖季""创新挑战季"需求张榜实现的技术交易，省技术转移奖补资金按技术合同成交额5%给予奖补，单个企业每年奖补不超过100万。

第二节　设区市技术转移奖补

近年来，全省13个设区市均出台了地方技术转移奖补相关政策，并有12个设区市、50余个县（区）配套出台具体实施细则，实现了省地技术转移奖补政策的有机联动，全省技术转移氛围日趋活跃。

经统计核定，2021年全省各市（县/区）技术转移奖补资金投入总额3265.17万元，南京市、苏州市、无锡市三地核定地方技术转移奖补资金额度位居全省前三，分别为1256.18万元、977.45万元、569.58万元。

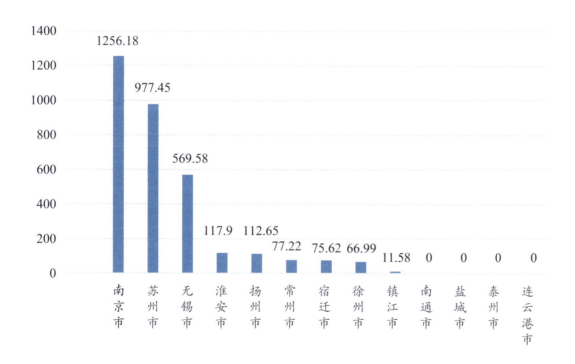

图2-2-1　2021年江苏省各市（县/区）技术转移奖补资金投入（单位：万元）

表 2-2-1　江苏省各设区市技术转移政策汇总表

序号	设区市	文号	文件名称	发布时间	配套出台相关政策文件的县、区
1	南京市	宁科〔2021〕34号	南京市科学技术局印发《关于设立技术转移奖补资金的实施细则》的通知	2021年2月26日	鼓楼区、江宁区、栖霞区
2	无锡市	锡委发〔2021〕59号	中共无锡市委、无锡市人民政府印发《关于支持现代产业高质量发展的政策意见》的通知	2021年6月27日	江阴市、宜兴市、惠山区、锡山区、滨湖区、新吴区
3	徐州市	徐财教〔2019〕140号	关于印发《徐州市技术转移奖补资金实施细则（试行）》的通知	2019年7月25日	无
4	常州市	常科发〔2019〕171号	关于印发《常州市技术转移奖补资金实施细则（试行）》的通知	2019年10月12日	金坛区、武进区、新北区、天宁区、钟楼区、常州经开区，武进高新区、溧阳市
4	常州市	常科发〔2022〕77号	关于印发《常州市技术转移奖补资金实施细则》的通知	2022年5月24日	金坛区、武进区、新北区、天宁区、钟楼区、常州经开区，武进高新区、溧阳市
5	苏州市	苏科规〔2019〕3号	苏州市科学技术局关于印发《苏州市技术转移体系建设补助实施细则》的通知	2019年1月29日	张家港市、昆山市、太仓市、吴中区、相城区、姑苏区、苏州高新区
6	南通市	通科发〔2020〕124号	南通市科学技术局、南通市财政局关于印发《南通市技术转移体系建设补助实施细则》的通知	2020年9月17日	崇川区、海门市、海门开发区、通州区、如东市、如皋市
7	连云港市	连政发〔2021〕64号	连云港市政府印发《关于深化创新型城市建设若干政策的通知》	2021年8月28日	无
7	连云港市	连财教〔2019〕73号	连云港市财政局、连云港市科学技术局关于印发《连云港市技术转移奖补资金实施细则（试行）》的通知	2019年12月12日	无
8	淮安市	淮发〔2021〕15号	中共淮安市委、淮安市人民政府关于印发《促进科技创新高质量发展建设国家创新型城市的若干政策》的通知	2021年8月6日	洪泽区、淮安区、淮阴区、金湖县、淮安经济开发区、清江浦区
8	淮安市	淮科〔2019〕105号	淮安市科学技术局、淮安市财政局关于印发《淮安市技术转移奖补资金实施细则（试行）》的通知	2019年10月28日	洪泽区、淮安区、淮阴区、金湖县、淮安经济开发区、清江浦区

续表

序号	设区市	文号	文件名称	发布时间	配套出台相关政策文件的县、区
9	盐城市	盐科发〔2019〕46号	关于印发《盐城市技术转移奖补办法（试行）》的通知	2019年6月14日	建湖县、盐南高新区、盐城经济开发区、东台、大丰区、盐都区、滨海县、射阳县、响水县
10	扬州市	扬科发〔2018〕117号	扬州市科学技术局、扬州市财政局关于印发《扬州市技术转移奖励办法（试行）》的通知	2018年9月5日	仪征市、扬州经济开发区、邗江区、广陵区、宝应市
10	扬州市	扬科发〔2022〕99号	扬州市人民政府关于印发《贯彻落实〈关于实施创新驱动发展战略加强产业科创名城科技支撑政策措施〉实施细则（试行）》的通知	2022年9月19日	仪征市、扬州经济开发区、邗江区、广陵区、宝应市
11	镇江市	镇财教〔2021〕59号	镇江市财政局、镇江市科学技术局关于印发《镇江市技术转移奖补资金实施细则（试行）》的通知	2021年9月6日	句容市
12	泰州市	泰科〔2017〕149号	泰州市科技局市财政局关于印发《泰州市技术经纪人奖励实施办法（试行）》的通知	2017年12月27日	海陵区、靖江市、兴化市
13	宿迁市	宿科发〔2019〕24号	宿迁市科学技术局、宿迁市财政局印发《宿迁市技术转移奖补资金实施细则（试行）》	2019年7月5日	无

第三节　专项支持

为更好地推进"揭榜挂帅"机制，促进科技成果转化，深化"需求张榜、在线揭榜"技术转移服务模式，鼓励企业通过省技术产权交易市场发布技术需求，高校院所等单位科研团队以需求为导向"应征揭榜"，开展研发创新，促进技术成果转化为现实生产力。2021年，江苏省科技厅下发《关于组织申报2021年江苏省产学研合作（揭榜挂帅）项目的通知》（苏科机发〔2021〕244号），对参加江苏省"专利（成果）拍卖季"或"J-TOP创新挑战季"活动，实现技术交易并签订技术合同的高校院所、新型研发机构等给予省级指导性计划项目立项支持。

2021年共立项支持32个项目，累计技术合同成交额2765.58万元，技术合同实际到账额1043.48万元。其中，参加"专利（成果）拍卖季"活动促成的项目17项，技术合同成交额1869.08万元，实际到账额684.73万元；参加"J-TOP创新挑战季"活动促成的项目15项，技术合同成交额896.50万元，实际到账额358.75万元。

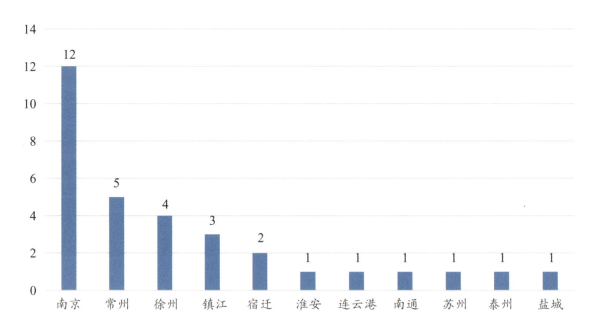

图2-3-1　省产学研合作（揭榜挂帅）立项项目技术吸纳方地区分布情况（单位：项）

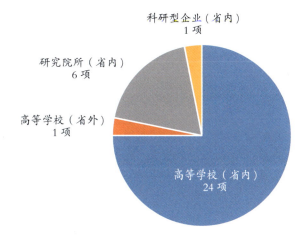

图 2-3-2　省产学研合作（揭榜挂帅）立项项目技术输出方情况

第三章　技术转移工作体系

第一节　技术交易线上平台

江苏省技术产权交易市场坚持技术转移"第四方平台"基础性、公益性定位，聚焦"找不着""谈不拢""难落地"等关键症结，立足技术转移生态体系搭建，强化技术经纪服务，引入电商模式，聚力创新，实现"信息采集——智能撮合——在线竞价——合同保全——价款结算——公示挂牌——合同登记"等全流程在线技术交易服务，强化"全省一张网"运营，利用智能匹配、价值度评估、大数据分析等智能工具，加速科技成果转化与知识产权应用，推动供、需、服三方自主在线对接。截至2021年底，平台数据总量1808万条，访问量358万人次。

截至2021年底，线上平台累计发布专利（成果）24229项，其中排名前三位的分别为先进制造与自动化7583项、电子信息5333项、生物与新医药4097项。2021年度，线上平台新增专利（成果）8360项，其中排名前三位的分别为先进制造与自动化2554项、电子信息1705项、生物与新医药1271项。

表 3-1-1　省技术产权交易市场线上平台专利（成果）发布情况

单位：项

技术领域	专利总数	成果总数	总数	2021年新增专利	2021年新增成果	2021年新增数
电子信息	3468	1865	5333	1181	524	1705
高技术服务	224	646	870	52	128	180
航空航天	6	54	60	1	20	21
生物与新医药	2053	2044	4097	745	526	1271
先进制造与自动化	5585	1998	7583	1410	1144	2554
新材料	1727	1163	2890	473	607	1080
新能源与节能	396	715	1111	236	235	471

续表

技术领域	专利总数	成果总数	总数	2021年新增专利	2021年新增成果	2021年新增数
资源与环境	1390	645	2035	707	327	1034
其他	177	73	250		44	44
总计	15026	9203	24229	4805	3555	8360

截至2021年底，线上平台累计发布技术需求8271项，按照技术领域分类，排名前三位的分别为先进制造与自动化2733项、电子信息2558项、新材料1328项。其中2021年度，新增技术需求3226项，按照技术领域分类，排名前三位的分别为先进制造与自动化1294项、电子信息693项、新材料505项。

截至2021年底，全省设区市累计发布技术需求8113项，其中前三位的分别是苏州市（1653项）、无锡市（1492项）、南京市（956项）。2021年度，全省设区市共发布技术需求3098项，其中前三位的分别是无锡市（798项）、苏州市（593项）、南京市（443项）。

表3-1-2 省技术产权交易市场线上平台技术需求发布情况（按领域）

单位：项

技术领域	技术需求发布总数	2021年技术需求发布数
电子信息	2558	693
高技术服务	350	162
航空航天	21	7
生物与新医药	568	267
先进制造与自动化	2733	1294
新材料	1328	505
新能源与节能	357	141
资源与环境	356	157
总计	8271	3226

表 3-1-3 省技术产权交易市场线上平台技术需求发布情况（按地区）

单位：项

地区	技术需求发布总数	2021年技术需求发布数
南京市	956	443
徐州市	353	133
常州市	669	182
淮安市	160	98
连云港市	231	34
南通市	489	194
苏州市	1653	593
泰州市	203	81
无锡市	1492	798
宿迁市	95	3
盐城市	395	100
扬州市	753	296
镇江市	664	143
全省	8113	3098

第二节 分中心体系

为加强全省的技术转移工作，完善全省技术转移体系，省技术产权交易市场在全省范围内建设并完善"省市县"一体化技术转移体系网络。在设区市层面与地方科技系统进行资源整合，建设地方分中心，依托省级高新区、国家高新区，专注于垂直行业领域，聚焦优势产业发展地区，建设行业分中心，并依托区、县、街道等设立基层工作站点，进一步下沉技术转移工作，落实各项政策和活动。截至2021年底，全省共设立14家地方分中心、12家行业分中心，此外，在全省设立13家地方工作站，其中南京地区12家。全省除宿迁地区外，其他12个设区市均已设立地方（行业）分中心。2021年全省新增行业分中心3家。

2021年，全省分中心体系共有运营人员190余名，紧密围绕区域创新发展需求，以开展企业技术需求挖掘、专利成果征集、技术经理人才培养、技术转移机构培育和集聚、技术转移活动组织等重点工作，加快推进区域技术转移工作。全年开展各类技术转移活动超430余场次，发布资讯2764条，直接参与人数超3万人次，年度服务企业5200余家。

表3-2-1 江苏省技术产权交易市场地方分中心名单汇总表

序号	名称	建设主体	设立时间	运营方式
1	南京地方分中心	南京市科技成果转化服务中心	2018年	自营
2	无锡地方分中心	无锡市科技创新服务中心	2017年	自营
3	徐州地方分中心	江苏淮海技术产权交易中心有限公司	2017年	自营
4	常州地方分中心	常州市生产力发展中心	2018年	自营
5	苏州地方分中心	苏州市生产力促进中心	2017年	委托运营
6	南通地方分中心	南通高新技术创业中心有限公司	2017年	自营
7	连云港地方分中心	连云港市生产力促进中心	2017年	自营
8	淮安地方分中心	淮安市生产力促进中心	2017年	委托运营

续表

序号	名称	建设主体	设立时间	运营方式
9	盐城地方分中心	盐城高新区投资集团有限公司	2017年	委托运营
10	扬州地方分中心	扬州市科技资源统筹服务中心	2017年	委托运营
11	镇江地方分中心	镇江市技术交易所	2017年	自营
12	泰州地方分中心	泰州市科技情报研究所	2017年	委托运营
13	江北新区地方分中心	南京科技创业服务中心	2017年	自营
14	江阴地方分中心	江阴高新区科学技术局	2018年	委托运营

表3-2-2 江苏省技术产权交易市场行业分中心名单汇总表

序号	名称	建设主体	设立时间	运营方式
1	节能环保行业分中心	江苏中宜环科环保产业发展有限公司（江苏省（宜兴）环保产业技术研究院）	2017年	自营
2	物联网行业分中心	无锡高新区科技发展服务中心	2017年	委托运营
3	矿山安全行业分中心	中徐矿山安全技术转移交易中心有限公司	2017年	自营
4	机器人及智能装备行业分中心	武进科创中心	2017年	委托运营
5	动力及储能电池行业分中心	常州市金坛区科技资源统筹服务中心	2021年	自营
6	人工智能行业分中心	苏州工业园区企业发展服务中心	2017年	自营
7	机器人及精密装备制造行业分中心	昆山市工业技术研究院有限责任公司	2017年	自营
8	金属新材料行业分中心	张家港市技术市场	2021年	自营
9	汽车及核心零部件行业分中心	常熟紫金知识产权服务有限公司	2017年	自营
10	功能新材料行业分中心	海安高新技术产业开发区高科技创业园管理办公室	2018年	委托运营
11	现代农业行业分中心	南京白马高新技术产业开发区管理委员会	2021年	委托运营
12	高性能合金材料行业分中心	丹阳市高新技术创业服务中心	2017年	自营

表 3-2-3　江苏省技术产权交易市场工作站名单汇总表

序号	名称	建设主体	设立时间
1	江宁开发区工作站	南京中高知识产权股份有限公司	2018 年
2	雨花台区工作站	南京度盈众瑞软件科技有限公司	2018 年
3	江宁高新区工作站	南京江宁高新园科技创业服务管理有限公司	2018 年
4	栖霞区工作站	南京市栖霞区科技成果转化服务中心	2018 年
5	鼓楼区工作站	南京市鼓楼区科技创业服务中心	2018 年
6	麒麟高新技术产业开发区工作站	南京麒麟产业投资有限公司	2018 年
7	秦淮区工作站	南京秦淮紫云创益企业服务有限公司	2018 年
8	玄武区工作站	南京徐庄科技创业服务中心有限公司	2018 年
9	建邺区工作站	南京市建邺区科技成果转化中心	2018 年
10	溧水区工作站	南京溧水高新技术产业投资有限公司	2018 年
11	六合区工作站	南京市科技成果转化服务中心江北分中心	2018 年
12	浦口区工作站	江苏高创投资发展有限公司	2018 年
13	无锡惠山工作站	无锡玉创科技服务有限公司	2017 年

第三节 技术转移机构

一、高校技术转移中心

截至 2021 年底,全省积极开展高校技术转移专业化机构建设,共建有省级以上高校技术转移中心 43 家,其中国家级高校技术转移中心 23 家。2021 年,南京大学、东南大学、苏州大学和江南大学 4 所高校入选首批高校专业化国家技术转移机构建设试点,数量位居全国前列。

1. 科技成果线上平台发布情况

截至 2021 年底,全省共有 77 家高校在省技术产权交易市场平台发布科技成果 5810 项,其中,2021 年有 74 家高校发布科技成果 2125 项。发布数量排名前五的高校为南京邮电大学(131 项),南京工业大学(115 项)、淮阴师范学院(93 项)、南京信息工程大学(79 项)、河海大学(61 项)。发布的科技成果排名前三的领域为先进制造与自动化、电子信息、新材料。

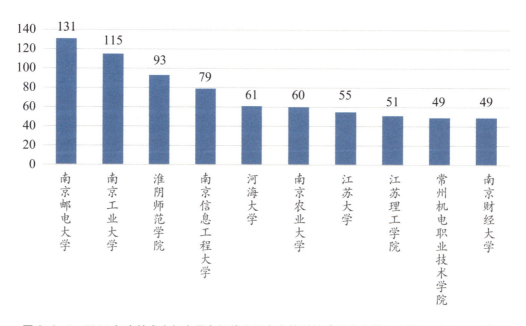

图 3-3-1　2021 年省技术产权交易市场线上平台高校科技成果发布数据(前 10 名)(单位:项)

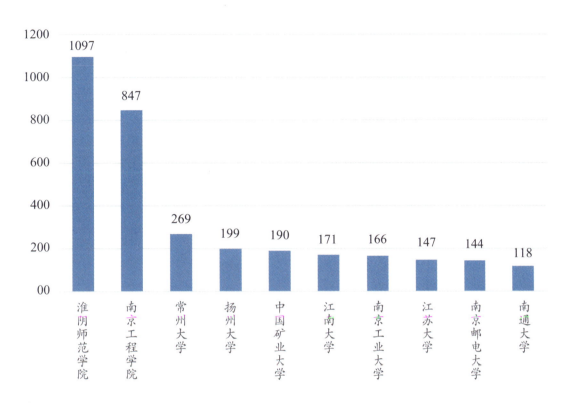

图 3-3-2　省技术产权交易市场线上平台高校累计科技成果发布数据（前 10 名）（单位：项）

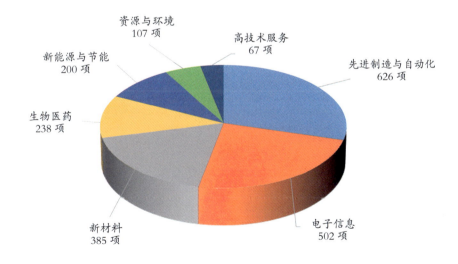

图 3-3-3　2021 年省技术产权交易市场线上平台高校发布科技成果领域分布

2. 科技成果公示挂牌情况

截至 2021 年底，全省共有 24 家高校通过省技术产权交易市场平台公示科技成果 1115 项，金额 1.53 亿元。其中 2021 年共 13 家高校公示科技成果 338 项，金额 3015.94 万元。2021 年公示数量排名前三名的单位分别是南京信息工程大学（114 项）、南通大学（105 项）、南京航空航天大学（70 项）。从高校公示金额来看，最低金额为 0.17 万元，最高金额为 574.71 万元，公示平均金额为 8.92 万元，公示金额中位数为 2 万元。

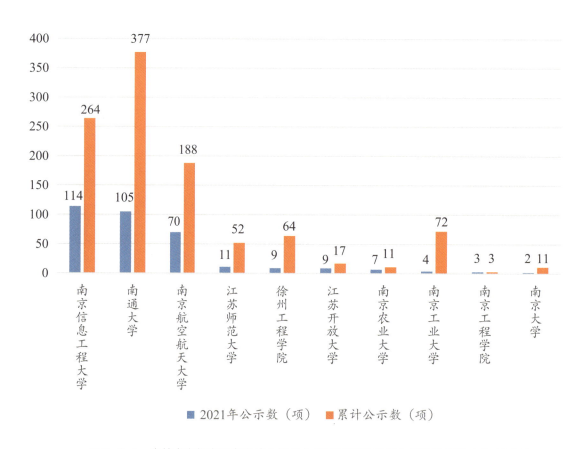

图 3-3-4　省技术产权交易市场线上平台全省高校科技成果公示数据情况（前 10 名）

截至 2021 年底，全省共有 28 所高校挂牌科技成果 197 项，金额 2.22 亿元。其中，2021 年共 19 所高校挂牌科技成果 78 项，金额 7402.40 万元。2021 年科技成果挂牌数量排名前三名的单位分别是南京农业大学（26 项）、东南大学（10 项）、南京工业大学（6 项）。从高校的挂牌金额来看，最低金额为 3 万元，最高金额为 1000 万元，挂牌平均金额为 94.9 万元，挂牌金额中位数为 20 万元，超千万项目 1 个。挂牌科技成果涉及领域前三名为生物医药、先进制造与自动化、电子信息。

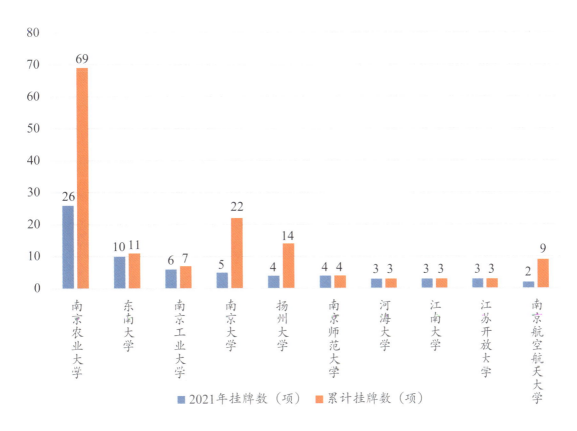

图 3-3-5　省技术产权交易市场线上平台全省高校科技成果挂牌数据情况（前 10 名）

图 3-3-6　省技术产权交易市场线上平台全省高校科技成果挂牌项目行业领域分布

3. 参与揭榜挂帅技术转移品牌活动情况

2021年,省技术产权交易市场深化"揭榜挂帅"服务机制,开展"专利(成果)拍卖季""J-TOP创新挑战季"年度技术转移品牌活动,共35家高校通过"揭榜挂帅"技术转移品牌活动促成技术交易134项,成交金额4433.09万元。南京邮电大学、南京工业大学、江苏医药职业学院成交项目数排名前三。134项成交项目领域分布,电子信息、先进制造与自动化、新材料三个领域成交项目数分别为40项、10项、7项,三个领域的成交占比超过70%。

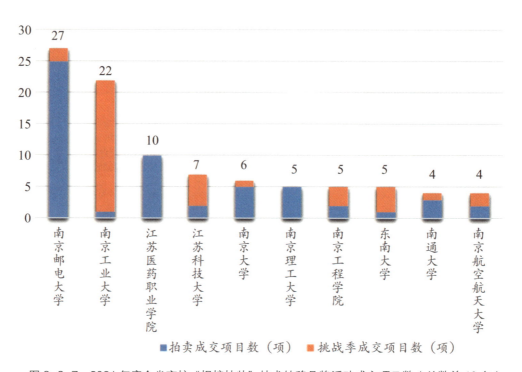

图 3-3-7　2021年度全省高校"揭榜挂帅"技术转移品牌活动成交项目数(总数前10名)

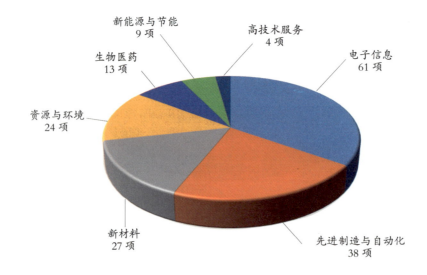

图 3-3-8　2021年度全省高校"揭榜挂帅"技术转移品牌活动成交项目领域分布

专利（成果）拍卖季：2021年全省共70所高校发布1932项专利（成果），起拍总价超3亿元，24家高校的75件专利及成果以"网络竞拍+协议成交"方式促成交易，总成交额2322.96万元。其中南京邮电大学参与竞拍及实际成交的项目数量均位于全省高校首位，江苏医药职业学院实际成交数占比其参拍项目数38.4%，成效占比率位列全省高校首位。2021年活动最终实际专利（成果）成交项数，南京邮电大学排名第一，江苏医药职业学院排名第二，南京理工大学和南京大学并列第三。

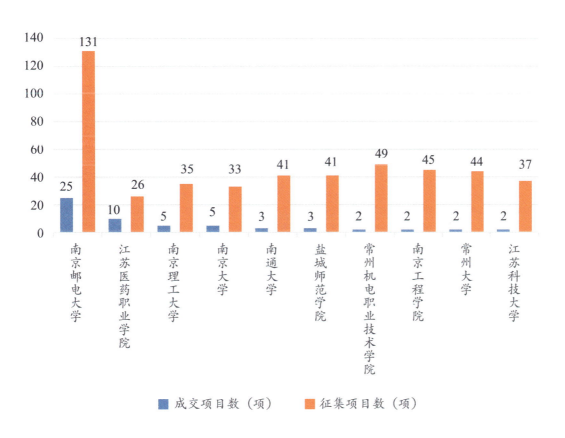

图 3-3-9　2021 年度全省高校"拍卖季"参与及成效情况（成交前 10 名）

J-TOP 创新挑战季：2021 年省内 24 家高校提交 106 项技术解决方案，22 家高校达成合作 59 项，成交总额 2110.13 万元。扬州大学参与度最高，共提交 43 项技术解决方案，南京工业大学成交项数最多，达 21 项。

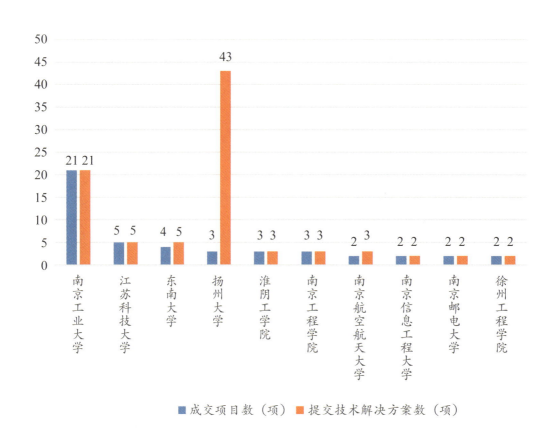

图 3-3-10　2021 年度全省高校"挑战季"参与及成效情况（成交前 10 名）

二、社会化技术转移机构

据统计，截至 2021 年底，省技术产权交易市场平台共集聚社会化技术转移机构 761 家，其中 2021 年新增 238 家。按 13 个设区市划分，其中南京地区 233 家、无锡地区 122 家、徐州地区 25 家、常州地区 32 家、苏州地区 94 家、南通地区 25 家、连云港地区 10 家、淮安地区 31 家、盐城地区 40 家、扬州地区 90 家、镇江地区 20 家、泰州地区 17 家、宿迁地区 13 家。

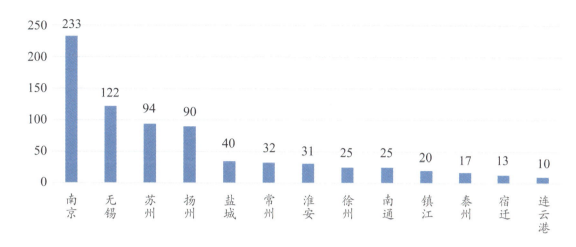

图 3-3-11　全省技术转移服务机构数量地区分布（单位：家）

在 761 家社会化技术转移机构中，创业孵化服务类机构 49 家、技术转移服务类机构 460 家、检验检测认证服务类机构 5 家、科技金融服务类机构 13 家、科技咨询服务类机构 89 家、研究开发及其服务类机构 34 家、知识产权服务类机构 177 家、综合科技服务类机构 88 家。

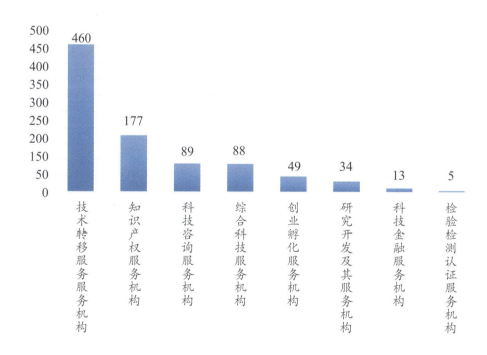

图 3-3-12　全省技术转移服务机构分类情况（单位：家）

三、技术经理人事务所

为了培育具有示范作用的技术转移服务机构，省技术产权交易市场在全省遴选认定"技术经理人事务所"，引导专业化机构规范技术经理人从事技术转移服务行为，组织协同技术经理人开展服务业务，保障技术经理人合法权益。引导在省技术产权交易市场备案的技术经理人与技术经理人事务所通过"双选""挂靠"方式建立合作关系，共同促进技术经理人职业健康发展。

截至 2021 年底，全省在册技术经理人事务所 80 家，其中，2021 年新认定 30 家。80 家技术经理人事务所中，南京地区 25 家，常州地区 10 家，无锡地区 9 家，苏州地区 8 家，扬州、镇江两地各 6 家，徐州、盐城两地各 5 家，南通地区 3 家，连云港、淮安、宿迁三地各 1 家，泰州地区无。

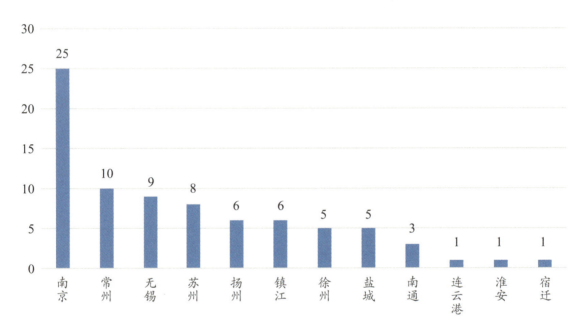

图 3-3-13　全省技术经理人事务所数量地区分布（单位：家）

据统计，80 家技术经理人事务所中，有 1072 名备案技术经理人已"挂靠"在 37 家技术经理人事务所。2021 年，浙江大学苏州工业技术研究院、江苏畅远信息科技有限公司、南通大学技术转移中心有限公司 3 家技术经理人事务所通过省技术产权交易市场平台促成 4 项技术转移合作项目，技术合同成交额达 443 万元。

第四节 技术转移人才队伍

为促进技术经理人队伍发展，规范技术经理人从事技术转移、成果转化服务行为，推进科技成果转化和技术交易市场健康有序发展，根据《国家技术转移体系建设方案》《中华人民共和国促进科技成果转化法》《实施〈中华人民共和国促进科技成果转化法〉若干规定》等文件精神，制定《江苏省技术产权交易市场技术经理人管理办法》，并积极培育技术经理人，为全省技术转移事业提供中坚力量。

一、技术经理人

省技术产权交易市场备案技术经理人，是指纳入江苏省技术产权交易市场管理，利用省技术产权交易市场平台资源，以实现科技成果转化和技术转移为目的，通过咨询诊断、分析调研及对接撮合等居间服务方式，促成技术持有方与技术需求方达成交易或合作的，具有完全民事行为能力的自然人。

截至 2021 年底，全省共备案技术经理人 4438 名。按照地域分布，省外 914 人，省内 3524 人。其中，南京地区 1222 人、无锡地区 554 人、徐州地区 254 人、常州地区 171 人、苏州地区 224 人、南通地区 211 人、连云港地区 52 人、淮安地区 130 人、盐城地区 211 人、扬州地区 115 人、镇江地区 167 人、泰州地区 186 人、宿迁地区 27 人。

图 3-4-1 省内技术经理人分布情况（单位：人）

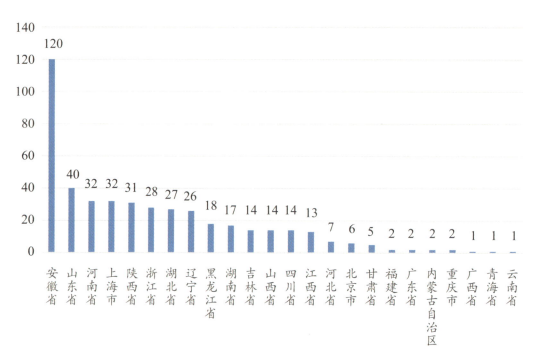

图 3-4-2 省外技术经理人分布情况（单位：人）

其中，本科以上学历占总人数83.1%，其中，博士学位人数占总人数26.48%。高校院所从业人员占总人数37.02%，服务机构从业人员占总人数33.35%。

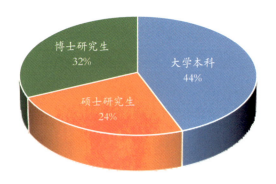

图 3-4-3 技术经理人（本科及以上）学历情况

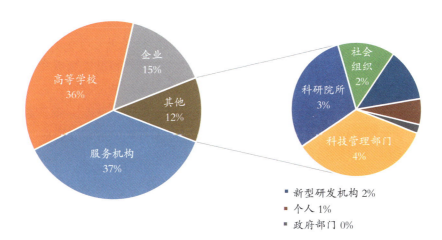

图 3-4-4 技术经理人所在单位性质情况

二、技术经理人服务团

2021 年,省技术产权交易市场在全省备案技术经理人中,通过招募遴选 100 名技术经理人组建"技术经理人服务团",重点支撑"揭榜挂帅"技术转移品牌活动,服务团成员按地区分布见图 3-4-5。其中有 3 名"技术经理人服务团"成员在 2021 年成功撮合 3 项技术转移项目,技术合同成交额达 2090 万元。

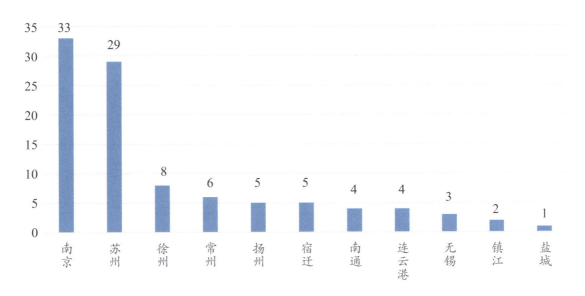

图 3-4-5 技术经理人服务团分布情况(单位:人)

三、国家技术转移人才培养基地

省科技资源统筹服务中心（省技术产权交易市场）自 2020 年 7 月获批国家技术转移人才培养基地以来，积极构建江苏省技术转移人才培养体系，大力培养和发展技术经理人，强化国家技术转移人才培养基地建设，设计涵盖职业教育、继续教育、学历学位教育，初、中、高三级技术经理人的分类分层培养体系；强化顶层设计，构建覆盖培训课程、授课讲师、在线平台和实训基地为一体的人才培训体系；强化省地联动，设立地区分基地，加强与长三角地区技术转移机构、国家技术转移苏南中心、省技术转移（常州大学）研究院互动合作；强化专业特色探索，开展生物医药、智能电网等专业领域技术经理人培训，集聚创新要素形成跨区域、跨领域的人才培养体系。

2021 年，省科技资源统筹服务中心（省技术产权交易市场）充分发挥国家技术转移人才培养（江苏）基地作用，联动国家技术转移苏南中心、省技术转移（常州大学）研究院，常态化开展技术经理人培训和技术转移专业学历学位教育，在全省共开展 30 场次培训，培训技术经理人超 4000 人次，集聚师资团队超 100 人，在读技术转移研究生 175 名。

第四章 "揭榜挂帅"年度品牌活动

为深化"需求张榜，在线揭榜"服务模式创新，常态化、体系化、专业化推进"揭榜挂帅"，省科技厅联合省委人才工作领导小组办公室、省教育厅、省知识产权局共同举办江苏省"专利（成果）拍卖季""J-TOP创新挑战季"年度技术转移品牌活动。活动聚焦我省战略新兴产业和地方重点产业领域，关注"碳达峰、碳中和"等重点国家战略，由省科技资源统筹服务中心牵头，充分发挥省技术产权交易市场作用，联动高校院所、省市知识产权运营平台、科技镇长团、银行、创投机构以及地方（行业）分中心、技术经理人及技术经理人事务所等，积极开展线上线下对接。2021年度共促成302项技术交易，合同总成交金额超1.25亿元，交易项数和交易额较上年度分别增长177%和185%。

第一节 专利（成果）拍卖季

"江苏省专利（成果）拍卖季"由省科技资源统筹服务中心（省技术产权交易市场）、省高校科技发展中心、省知识产权保护中心（省专利信息服务中心）联动地方主管部门和高校院所具体承办。活动以企业技术需求为导向，围绕电子信息、生物与新医药、新材料、新能源与节能、资源与环境、先进制造等领域，以高校院所发明专利和科技成果为主要标的，通过"网络竞拍+协议成交"的方式，加速专利流转、促进科技成果转移转化。

活动自2020年以来，共吸引百余家高校院所、大型国有企业的4475项专利（成果）参与线上和线下的竞拍活动。先后开展了双碳领域专场成果发布会、南航先进制造专场、南邮电子信息专场、双碳领域现场拍卖会等17场线上线下对接活动。截至2021年底，共339件专利及科技成果达成技术交易，总成交额9653.77万元。专利（成果）拍卖季系列活动被新华日报、江苏卫视、南京日报、中国江苏网、南京电视台、人民网江苏等多家媒体争相报道，全省技术交易氛围营造日益浓厚。

表 4-1-1　截至 2021 年底专利（成果）拍卖季参与的专利成果数量情况

年度	累计数（项）	产业/领域分布（项）						
		电子信息	生物与新医药	新材料	新能源与节能	资源与环境	先进制造	其他
2020	2357	590	363	604	62	81	657	0
2021	2118	528	385	258	180	149	618	0
合计	4475	1118	748	862	242	230	1275	0

2021 年活动共吸引 97 家高校院所、企业的 2118 项专利（成果）参与线上和线下的竞拍活动，总起拍价超 4 亿元，其中百万以上的专利成果 109 件。专利（成果）涵盖电子信息、生物与新医药、新材料、新能源与节能、资源与环境、先进制造等多个领域，分别占比 24.93%、18.18%、12.18%、8.50%、7.03%、29.18%。全省先后开展"碳达峰、碳中和"专场成果发布会、南航专场项目路演暨技术交易金融服务项目启动会、盐城高校成果路演、南邮电子信息专场推介会等 8 场线上线下活动，242 件专利及科技成果达成交易，总成交额 7269.39 万元，其中生物与新医药、先进制造、电子信息三个技术领域，成交额位居前三，分别占比 37.71%，23.14%，18.54%。

表 4-1-2　2020 年及 2021 年专利（成果）拍卖季专利成果在 6 大产业/领域中成交量分布情况

年度	累计成交项数（项）	产业/领域分布（项）						
		电子信息	生物与新医药	新材料	新能源与节能	资源与环境	先进制造	其他
2020	97	33	14	12	0	4	34	0
2021	242	61	53	30	4	3	91	0
合计	339	94	67	42	4	7	125	0

表 4-1-3　2020 年及 2021 年专利（成果）拍卖季专利成果在 6 大产业 / 领域中累计成交金额分布情况

年度	累计成交金额（万元）	产业 / 领域分布（万元）						
		电子信息	生物与新医药	新材料	新能源与节能	资源与环境	先进制造	其他
2020	2384.38	149.18	636.50	83.20	0	98.00	1417.50	0
2021	7269.39	1347.76	2741.53	1339.40	27.90	130.70	1682.10	0
合计	9653.77	1496.94	3378.03	1422.60	27.90	228.70	3099.60	0

第二节　J-TOP 创新挑战季

"江苏省 J-TOP 创新挑战季"由省科技资源统筹服务中心（省技术产权交易市场）、省高校科技发展中心、省知识产权保护中心（省专利信息服务中心）联动地方主管部门和重点园区具体承办。活动围绕电子信息、生物与新医药、先进制造与自动化、新材料、新能源与节能、资源与环境等重点领域，聚焦"碳达峰、碳中和"国家战略，面向全省科技型企业挖掘技术需求，尤其是行业共性技术难题和企业个性化技术需求，通过网络、媒体等广泛宣传发布，面向全社会公开征集解决方案，积极探索创新技术转移服务模式，有效促进省内外科教资源对接企业创新需求、赋能全省科技型企业创新发展。

截至 2021 年底，共征集筛选发布江苏乃至长三角地区各类企业技术需求近 2000 项，意向投入总金额超过 4.63 亿元，共促成 77 项技术需求实际成交，总成交金额超 7507.26 万元。

表 4-2-1　J-TOP 创新挑战季成效情况

年份	发布需求（项）	重点需求（项）	发布金额（亿元）	成交项目	成交金额（万元）
2020	803	200	2	17	2197.76
2021	1033	241	2.63	60	5309.50
合计	1836	441	4.63	77	7507.26

2021 年活动共征集技术需求 1033 条，悬赏金额超 2.63 亿元。通过遴选共发布热门技术需求 241 条，涉及意向金额超 1000 万元的技术需求 7 条，意向金额超 100 万元的技术需求 59 条，其中"碳达峰、碳中和"相关领域技术需求 66 条，意向金额 6516 万元。此外，发布长三角地区技术需求 92 条（其中上海市 36 条，浙江省 36 条，安徽省 20 条），热门技术需求 13 条。先后对接中科院南京分院、南京大学、东南大学、南京航空航天大学、南京信息工程大学、扬州大学等省内外高校科研院所 145 家，累计有 283 个需求共收到技术解决方案 315 项。2021 年共举办系列活动 7 场次，累计促成 60 项技术合同成交，成交金额达 5309.5 万元。其中通过科技镇长团、科技副总对接跟进对接企业技术需求项目 12 项，项目金额 400 余万元，分布于南京、苏州、扬州、无锡、南通等地。

第三节 地方特色活动

近年来，江苏各地科技成果转化各项工作稳步推进，各地技术转移特色活动不断创新涌现。据不完全统计，2021年全省地方自主性技术转移活动达400余场次，服务企业5200余家次，对接包括清华大学、北京大学、南京大学、浙江大学、哈尔滨工业大学、西北工业大学等在内的国内外知名高校。

一、南京市 长三角（南京都市圈）科技合作项目专场活动

2021年11月30日，江苏省技术产权交易市场联合南京市科技局共同举办2021年J-TOP创新挑战季技术需求对接会长三角（南京都市圈）科技合作项目专场活动。现场发布南京都市圈企业242条技术需求，涉及电子信息、先进制造、新材料、生物医药、新能源等领域，张榜总额超5700万元，来自南京都市圈内的江苏奥利思特环保科技有限公司等3家企业发布了"废弃脱硝催化剂高附加值资源化利用"等需求，单项最高"悬赏"500万征求解决方案。活动共促成意向签约项目21项，合作金额3768万元。

二、苏州市 沪苏同城国际创新挑战赛

2021年6月2日，2021沪苏同城国际创新挑战赛在上海展览中心举行，两地企业309条技术需求面向全球发布，榜单金额超过10亿元。发布会共吸引上海、苏州两地地方政府、行业专家、需求企业、高校院所、服务机构、投资机构、孵化器等单位负责人共100多人参加。发布会上共发布苏州地区数字经济、人工智能、装备制造、新材料、新能源等先导产业领域技术需求154条，来自中科院电子学研究所苏州研究院、同济人工智能研究院（苏州）发布的技术需求榜单金额超过400万元。上海交通大学、同济大学、华东理工大学、上海大学等10多家上海高校的近30位专家对苏州企业提出的24条个性化技术需求进行一对一"揭榜"对接。发布会开设了创新型龙头企业技术发布需求专场，苏州金宏气体股份有限公司围绕电子特种气体应用领域发布技术需求，榜单金额超过400万元；中亿丰建设集团等行业龙头企业也专门发布了技术需求，活动为大中小企业创新提供了便捷的对接渠道，为构建龙头企业牵头、高校院所支持、创新主体相互协同的创新联合体，推进沪苏科技合作搭建了新的平台和路径。

三、扬州市"火炬科技成果直通车"活动

2021年度"火炬科技成果直通车"暨江苏省第二届专利（成果）拍卖季（扬州生命健康专场）活动，在江苏省扬州市举办。"火炬科技成果直通车"在扬州已连续举办三年，2021年扬州瞄准生物健康产业重点发展方向和需求，遴选出企业技术需求225项，精准匹配高科技成果200项进行现场集中发布。8项已有对接基础的产业化可行性高的科技成果进行了现场项目路演，活动现场共有9个项目达成意向合作，合同金额超800万元。

四、江阴市"霞客之光"产业自主创新攻关计划

江阴市"霞客之光"产业自主创新攻关计划，简称"霞客之光"，旨在攻克制约该市产业发展的关键核心技术与"卡脖子"技术难题，加快推动科技成果转化与产业化，提升产业核心竞争力，助推霞客湾科学城建设，为江阴高质量发展蓄势赋能。"霞客之光"以市场主导、政府引导为原则，按照"建榜、发榜、揭榜、奖榜"的流程组织实施。基于全市各类创新主体提出的技术研发需求，2021年共梳理编制技术需求榜单150项。通过各类媒体面向全球发布公告，吸引国内外领军企业、高校院所、创新人才等共同参与。技术需求方自主择优确定揭榜人才团队，双方签署合作协议，形成项目攻关方案，启动项目攻关工作。对成功揭榜、联合开展攻关的重大项目，根据企业实际投入，经专家评审，最高按1:1比例，市财政给予经费支持，最高不超过1000万元。对企业与高校院所达成项目合作协议的，按照项目实际成交额的20%予以普惠性资助，最高不超过50万元。

五、南通市"长三角光电产业论坛暨产学研合作对接会"

2021年10月11日，由南通市科技局联合北京大学长三角光电研究院、江苏省技术产权交易市场南通分中心举办的"长三角光电产业论坛暨产学研合作对接会"在南通国际会议中心成功举办，共征集发布全市企业技术需求30余项，中天科技、通富微电等4家龙头企业布置了专门展区，全面展示企业主要产品和科技创新成果，卓锐激光等12家企业设置展台，展示企业最新研究成果。活动充分利用2021年亚洲光电子会议期间国内多家光电领域著名高校、科研院所和近千名专家学者参会的契机，组织全市近百家光电产业领域的企业与相关高校院所开展产学研对接洽谈。

第五章 技术转移创新服务

第一节 职务科技成果公示挂牌

根据国务院办公厅《关于完善科技成果评价机制的指导意见》（国办发〔2021〕26号）、省政府《关于加快推进全省技术转移体系建设的实施意见》（苏政发〔2018〕73号）、省委省政府《关于深化科技体制机制改革推动高质量发展若干政策》（苏发〔2018〕18号）等文件精神要求，省技术产权交易市场积极推进职务科技成果公示、挂牌工作，促进全省技术转移和科技成果转化工作。

一、科技成果公示情况

截至2021年底，省技术产权交易市场线上平台共公示高校院所拟协议成交科技成果1349项，金额3.14亿元。公示科技成果数量排名前五名的单位依次为：南通大学（377项、890.79万元）、南京信息工程大学（264项、810.8万元）、南京航空航天大学（188项、3504.67万元）、江苏省农业科学院（166项、11194.7万元）、南京工业大学（72项、7476.54万元）。

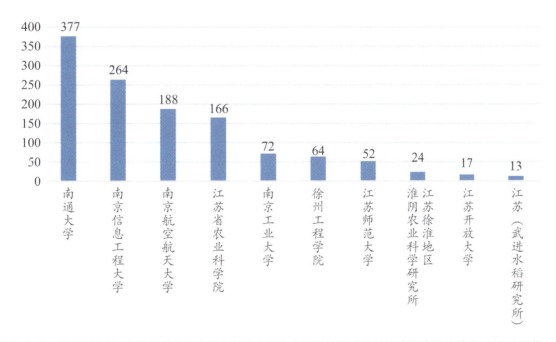

图5-1-1 截至2021年底省技术产权交易市场线上平台公示拟协议成交科技成果数量（前10名）（单位：项）

2021年当年度新增公示科技成果422项。当年度新增公示科技成果数量排名前五名的单位依次为：南京信息工程大学（114项、323.98万元）、南通大学（105项、280.49万元）、南京航空航天大学（70项、1312.1万元）、江苏省农业科学院（49项、2342万元）、江苏师范大学（11项、522万元）。

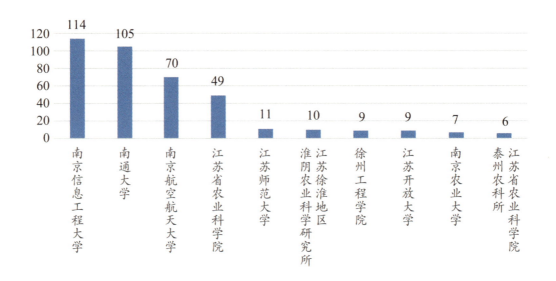

图 5-1-2　2021年省技术产权交易市场线上平台公示拟协议成交科技成果数量（前10名）（单位：项）

二、科技成果挂牌情况

截至2021年底，省技术产权交易市场线上平台共挂牌科技成果361项，金额3.89亿元；其中挂牌成交54项，成交金额1272.54万元。我省累计挂牌数量排名前五名的单位依次为：南京农业大学（69项、8233.58万元）、南京大学（22项、1775万元）、江苏省农业科学院（18项、1516万元）、公安部交通管理科学研究所（17项、181.4万元）、江苏省人民医院（15项、2612万元）。

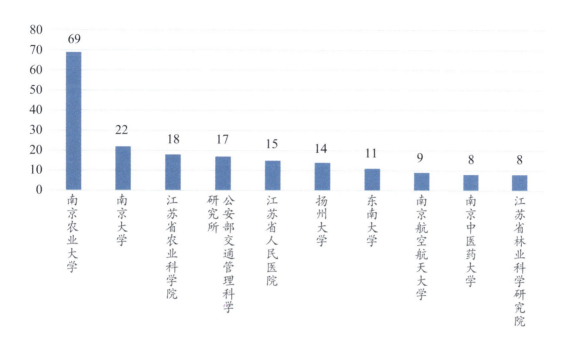

图 5-1-3　截至 2021 年底省技术产权交易市场线上平台挂牌科技成果数量（前 10 名）（单位：项）

2021 年当年度新增挂牌科技成果 168 项，新增挂牌成交 37 项。当年度新增挂牌科技成果数量排名前五名的单位依次为：南京农业大学（26 项、718.17 万元）、公安部交通管理科学研究所（14 项、11.74 万元）、江苏省人民医院（14 项、260.9 万元）、东南大学（10 项、260 万元）、江苏省农业科学院（10 项、1016 万元）。

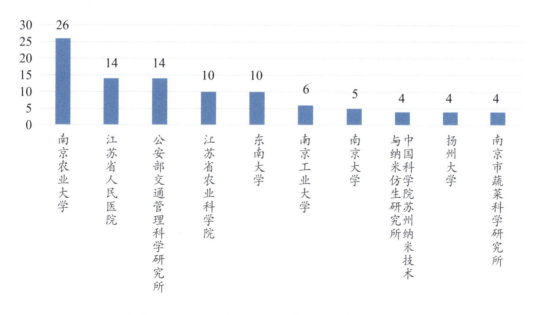

图 5-1-4　2021 年省技术产权交易市场线上平台挂牌科技成果数（前 10 名）（单位：项）

三、验收满两年尚未实施转化的科技成果情况

截至 2021 年底,省技术产权交易市场挂牌省科技厅验收满两年尚未实施转化的我省高校院所承担的省科技计划产业技术类项目,累计 227 项,挂牌总金额 33957 万元。其中 2021 年共挂牌项目 70 项,挂牌总金额 14020 万元。

表 5-1-1 验收满两年尚未实施转化的科技成果挂牌情况统计表

年份	挂牌数量(项)	挂牌金额(万元)
2019 年	107	16600
2020 年	50	3337
2021 年	70	14020
合计	227	33957

2021 年起,省技术产权交易市场线上平台设立联合挂牌专区,共发布中国技术交易所推荐的优秀科技成果 36 项。我省共推荐 10 项科技成果在中国技术交易所"技 E 网"挂牌展示。

第二节 科技金融服务

近两年来，在省科技厅组织领导下，省统筹中心、省技术产权交易市场积极组织开展"专利（成果）拍卖季"和"J-TOP创新挑战季"品牌活动，优化资源共享机制、创新完善服务功能，强化金融对技术转移与科技成果转化的支撑作用，从局部试点向全面推广递进。

一、"益企贷"金融服务

2021年，联合民生银行无锡分行在江阴试点开展"益企贷"技术交易供应链金融产品。该产品瞄准技术交易双方特点，运用供应链金融工具，分析技术交易场景，根据登记备案的技术交易合同给予技术输出方（吸纳方）企业贷款，切实解决企业创新活动在技术交易环节的资金短缺问题，为6家中小企业完成授信总计达1190万。

二、技术交易金融助企抗疫专项服务

面对新冠肺炎疫情多点散发特点，省科技资源统筹服务中心（省技术产权交易市场）结合"揭榜挂帅"技术转移服务工作整体部署，主动对接，靠前服务，联合地方科技局、金融和创投机构启动开展"金融助力科技抗疫防疫"活动，为企业纾难解困。2021年，摸排整理24家企业融资需求，为10家企业提供贷款授信3800余万元，其中向扬州地区受疫情影响严重的6家企业新增授信1810万元。

第三节 "思享汇"沙龙活动

为了更好地提升技术经理人的业务服务能力，创新人才培养路径，通过开展技术经理人思享汇的活动，旨在"以思论学、以思汇智"，活动围绕技术需求挖掘与研判、知识产权运营以及金融财税等主题开展，通过专题业务研讨、论坛沙龙等形式，交流技术转移服务新知识、共话技术转移服务新思路、启发技术转移服务新思维，拓宽技术转移服务"朋友圈"，不断推动技术转移转化。2021年，"思享汇"活动共开展6期，重点围绕苏南、苏北、苏中以及南京都市圈，共有232名技术经理人参会。

表 5-3-1 2021年技术经理人思享汇沙龙活动清单

序号	活动名称	活动地点	活动时间	参会人数（人）
1	首期技术经理人思享汇活动	南京	2021.07.07	23
2	第二期技术经理人思享汇（苏北专场）	徐州	2021.09.15	39
3	第三期技术经理人思享汇（苏南专场）	常州	2021.10.11	51
4	第四期技术经理人思享汇	南京	2021.11.12	41
5	第五期技术经理人思享汇	南通	2021.12.15	29
6	第六期技术经理人思享汇（苏中地区）	苏州	2021.12.17	49

第六章　附表

附表 1　江苏省技术合同登记机构名单

地区	单位	地址	电话
南京市	南京市科技成果转化服务中心	南京市玄武区成贤街 118 号	025-83369204
	南京科技创业服务中心【江北新区】	南京江北新区惠达路 9 号	025-58856897
无锡市	无锡市科技创新服务中心	无锡市学前街 168 号科技大厦 701 室	0510-81821874
	江阴市科技创新服务中心	无锡江阴市高新区管委会二楼双创服务广场 B2	0510-86809544
徐州市	江苏淮海技术产权交易中心有限公司	徐州市泉山区矿大科技园科技大厦 2 层	0516-83896168
	中徐矿山安全技术转移交易中心有限公司	徐州市铜山区国家高新技术开发区安全科技产业园	0516-61210779
常州市	常州市生产力发展中心	常州市钟楼区玉龙路科技创新大厦三楼	0519-88379518
	常州高新技术创新创业服务中心	常州市新北区辽河路 601 号国家级科技企业孵化器大楼 C 座 302 室	0519-85178240
	武进国家高新技术产业开发区众创服务中心	常州市武进区西湖路 1 号	0519-86220377
苏州市	苏州市生产力促进中心	苏州市干将东路 178 号自主创新广场	0512-65152050
	苏州工业园区企业发展服务中心	苏州市苏州工业园区旺墩路 168 号市场大厦	0512-67068036
南通市	南通高新技术创业中心有限公司	南通市崇川区崇川路 58 号 3 号楼 307	0513-81186980
连云港市	连云港市生产力促进中心	连云港市海州区花果山大道 17 号 3 号楼	0518-85813843
淮安市	淮安市生产力促进中心	淮安市清江浦区大冶西路 18 号	0517-83791156

续表

地区	单位	地址	电话
盐城市	盐城高新区投资集团有限公司	盐城市盐都区世纪大道1166号研创大厦	0515-88337233
扬州市	扬州市科技资源统筹服务中心	扬州市江广智慧城北苑3号楼	0514-87938523
镇江市	镇江市技术交易所	镇江市润州区南徐大道60号商务A区D座	0511-87056056
泰州市	泰州市科技情报研究所	泰州市鼓楼南路348号一楼	0523-86392016
宿迁市	宿迁市科技创业服务中心	宿迁市洪泽湖路130号	0527-84358818
南京分院	南京中科麒智科技有限公司	南京市北京东路39号	025-83214160
省交通厅	江苏省现代交通节能减排工程技术研究中心	南京市景佑路33号清华同方园产研综合大楼A座6层602室	025-57917618
高等院校	南京大学	南京市栖霞区仙林大道163号	025-89683760
	东南大学	南京市玄武区四牌楼2号	025-83791320
	南京航空航天大学	南京市御道街29号	025-84896687
	中国药科大学	南京市鼓楼区童家巷24号	025-83271388
	河海大学	南京市鼓楼区西康路1号	025-83786129
	南京农业大学	南京市玄武区卫岗一号	025-84398886
	江南大学	无锡市蠡湖大道1800号江南大学行政楼B101	0510-85329266
	南京师范大学	南京市栖霞区文苑路1号	025-85891811
	南京医科大学	南京市江宁区龙眠大道101号德馨楼B214	025-86862156
	南京邮电大学	南京市栖霞区文苑路9号	025-85866909
	南京工业大学	南京市浦口区浦珠南路30号	025-58139211

续表

地区	单位	地址	电话
高等院校	南京林业大学	南京市玄武区龙蟠路 159 号	025-85427178
	扬州大学	扬州市大学南路 88 号	0514-87970470
	江苏大学	镇江市学府路 301 号	0511-88791437
	南京中医药大学	南京市栖霞区仙林大道 138 号	025-85811072
	南通大学	南通市崇川区啬园路 9 号	0513-85012079
	南京工程学院	南京市江宁区弘景大道 1 号	025-86118847
	盐城师范学院	盐城市经济开发区希望大道南路 2 号	0515-88233387
	常州大学	常州市武进区滆湖中路 21 号文正楼 608	0519-86334526
	江苏科技大学	镇江市梦溪路 2 号	0511-84401061
	淮阴工学院	淮安市枚乘路 1 号	0517-83559162
	常州工程职业技术学院	常州市武进区滆湖中路 33 号	0519-86332223
	盐城工学院	盐城市希望中路 1 号盐城工学院行政楼 501 室	0515-88283046
	金陵科技学院	南京市江宁区弘景大道 99 号	025-86188163
	淮阴师范学院	淮安市长江西路 111 号	0517-83526169
	江苏师范大学	徐州市铜山区上海路 101 号	0516-83403606
科研院所	江苏省农业科学院	南京市玄武区钟灵街 50 号综合大楼	025-84392030

附表 2　全省高等学校通过省技术产权交易市场平台发布科技成果数据情况表

（以 2021 年发布数据为序）

序号	高校名称	2021年店铺发布科技成果数（项）	累计店铺发布科技成果数（项）
1	南京邮电大学	131	144
2	南京工业大学	115	166
3	淮阴师范学院	93	1097
4	南京信息工程大学	79	80
5	河海大学	61	113
6	南京农业大学	60	79
7	江苏大学	55	147
8	江苏理工学院	51	51
9	常州机电职业技术学院	49	92
10	南京财经大学	49	49
11	南京工程学院	45	847
12	常州大学	45	269
13	扬州大学	45	199
14	徐州医科大学	41	62
15	盐城师范学院	41	41
16	中国矿业大学	40	190
17	南京航空航天大学	40	61
18	金陵科技学院	40	45
19	江南大学	39	171
20	南通大学	39	118
21	常熟理工学院	39	39
22	南京大学	38	56

序号	高校名称	2021年店铺发布科技成果数（项）	累计店铺发布科技成果数（项）
23	南京林业大学	38	47
24	南京信息职业技术学院	38	38
25	南京理工大学	37	46
26	江苏科技大学	37	37
27	南京工业职业技术大学	36	36
28	南京师范大学	36	36
29	镇江市高等专科学校	36	36
30	淮阴工学院	33	33
31	苏州市职业大学	33	33
32	中国药科大学	32	43
33	江苏师范大学	31	55
34	常州工学院	30	30
35	江苏第二师范学院	30	30
36	南通理工学院	30	30
37	西交利物浦大学	30	30
38	东南大学	29	54
39	苏州科技大学	24	50
40	江苏医药职业学院	24	24
41	苏州工业园区服务外包职业学院	23	23
42	泰州学院	23	23
43	江苏农林职业技术学院	21	151
44	江苏海洋大学	21	29
45	扬州工业职业技术学院	20	34

续表

序号	高校名称	2021年店铺发布科技成果数（项）	累计店铺发布科技成果数（项）
46	江苏农牧科技职业学院	19	19
47	南京森林警察学院	17	17
48	南京机电职业技术学院	15	15
49	宿迁学院	14	14
50	苏州大学	13	47
51	江苏建筑职业技术学院	13	13
52	江苏开放大学（江苏城市职业学院）	12	32
53	江苏海事职业技术学院	12	13
54	苏州工业职业技术学院	10	10
55	常州工程职业技术学院	9	9
56	南京交通职业技术学院	7	201
57	江苏电子信息职业学院	7	9
58	南通科技职业学院	7	7
59	江苏警官学院	6	17
60	江苏航运职业技术学院	5	6
61	南京晓庄学院	5	5
62	江苏护理职业学院	4	6
63	南京铁道职业技术学院	4	4
64	徐州工业职业技术学院	3	15
65	江苏卫生健康职业学院	3	3
66	江苏信息职业技术学院	3	3
67	连云港职业技术学院	2	23
68	盐城幼儿师范高等专科学校	2	2

续表

序号	高校名称	2021年店铺发布科技成果数（项）	累计店铺发布科技成果数（项）
69	盐城工学院	1	93
70	南京医科大学	1	40
71	泰州职业技术学院	1	14
72	江苏商贸职业学院	1	4
73	南京中医药大学	1	3
74	连云港师范高等专科学校	1	1
75	盐城工业职业技术学院	0	55
76	无锡职业技术学院	0	43
77	江阴职业技术学院	0	3
	总计	2125	5810

附表3　全省高等学校通过省技术产权交易市场平台公示科技成果数据情况表

（以2021年科技成果公示数为序）

序号	高校名称	累计公示数（项）	2021年公示数（项）
1	南京信息工程大学	264	114
2	南通大学	377	105
3	南京航空航天大学	188	70
4	江苏师范大学	52	11
5	徐州工程学院	64	9
6	江苏开放大学	17	9

续表

序号	高校名称	累计公示数（项）	2021年公示数（项）
7	南京农业大学	11	7
8	南京工业大学	72	4
9	南京工程学院	3	3
10	南京大学	11	2
11	三江学院	2	2
12	南京中医药大学	4	1
13	南京财经大学	1	1
14	南京邮电大学	11	0
15	扬州大学	9	0
16	盐城工学院	9	0
17	中国药科大学	4	0
18	中国矿业大学	4	0
19	淮阴师范学院	4	0
20	常州工程职业技术学院	3	0
21	南京林业大学	2	0
22	江苏工程职业技术学院	1	0
23	南通理工学院	1	0
24	苏州科技大学	1	0
	总计	1115	338

附表 4　全省高等学校通过省技术产权交易市场平台挂牌科技成果数据情况表

（以 2021 年科技成果挂牌数为序）

序号	高校名称	累计挂牌数（项）	2021年挂牌数（项）	2021年挂牌成交数（项）
1	南京农业大学	69	26	5
2	东南大学	11	10	0
3	南京工业大学	7	6	0
4	南京大学	22	5	3
5	扬州大学	14	4	0
6	南京师范大学	4	4	0
7	河海大学	3	3	0
8	江南大学	3	3	0
9	江苏开放大学	3	3	0
10	南京航空航天大学	9	2	0
11	南京中医药大学	8	2	0
12	徐州医科大学	5	2	0
13	南京理工大学	2	2	1
14	江苏大学	8	1	0
15	苏州大学	3	1	0
16	常州工学院	1	1	0
17	南京医科大学	1	1	0
18	中国矿业大学	1	1	0
19	盐城工学院	1	1	0
20	南京林业大学	6	0	0
21	淮阴工学院	4	0	0

续表

序号	高校名称	累计挂牌数（项）	2021年挂牌数（项）	2021年挂牌成交数（项）
22	南京财经大学	3	0	0
23	江苏商贸职业学院	3	0	0
24	中国药科大学	2	0	0
25	常州机电职业技术学院	1	0	0
26	江阴职业技术学院	1	0	0
27	南通大学	1	0	0
28	南京工程学院	1	0	0
	总计	197	78	9

附表5　全省高等学校参加"揭榜挂帅"技术转移品牌活动参与成效情况表（2021年）

序号	高校名称	遴选项目数（项）	起拍价（万元）	拍卖季成交项目数（项）	拍卖季成交金额（万元）	提交技术解决方案数（项）	挑战季成交项目数（项）	挑战季成交额（万元）	揭榜挂帅成交项目数（项）	成交金额（万元）
1	南京邮电大学	131	946.1	25	473.6	2	2	355	27	828.6
2	江苏医药职业学院	26	113	10	10	0	0	0	10	10
3	南京理工大学	35	317	5	50	0	0	0	5	50
4	南京大学	33	1621	5	1240	1	1	20	6	1260
5	南通大学	41	934.8	3	75	1	1	40	4	115
6	盐城师范学院	41	366.5	3	30	0	0	0	3	30
7	常州机电职业技术学院	49	288.4	2	42	0	0	0	2	42
8	南京工程学院	45	205.9	2	60	3	3	180	5	240
9	常州大学	44	288	2	50	2	1	34.5	3	84.5
10	江苏科技大学	37	70	2	2	5	5	590	7	592
11	南京航空航天大学	33	330	2	51	3	2	350	4	401

续表

序号	高校名称	遴选项目数（项）	起拍价（万元）	拍卖季成交项目数（项）	拍卖季成交金额（万元）	提交技术解决方案数（项）	挑战季成交项目数（项）	挑战季成交金额（万元）	揭榜挂帅成交项目数（项）	成交金额（万元）
12	中国药科大学	32	13039	2	30	0	0	0	2	30
13	南京工业大学	103	1539	1	10	21	21	1448	22	1458
14	江苏大学	54	435.6	1	25.5	3	1	148.75	2	174.25
15	江苏理工学院	51	167	1	3	0	0	0	1	3
16	南京财经大学	49	1447	1	30	0	0	0	1	30
17	金陵科技学院	40	366.7	1	20.06	0	0	0	1	20.06
18	南京信息职业技术学院	38	84	1	2.1	0	0	0	1	2.1
19	苏州市职业大学	33	260	1	5	0	0	0	1	5
20	江苏师范大学	31	515	1	2	1	1	22	2	24
21	扬州工业职业技术学院	20	53	1	5	0	0	0	1	5
22	江苏农牧科技职业学院	18	26.2	1	0.2	0	0	0	1	0.2
23	江苏建筑职业技术学院	7	36.4	1	32	0	0	0	1	32
24	东南大学	5	196.5	1	24.5	5	4	339.5	5	364
25	南京信息工程大学	78	462.6	0	0	2	2	50	2	50
26	河海大学	58	238	0	0	0	0	0	0	0
27	常熟理工学院	44	335	0	0	1	1	55	1	55
28	徐州医科大学	39	257	0	0	0	0	0	0	0
29	中国矿业大学	39	947	0	0	0	0	0	0	0
30	南京农业大学	37	4351	0	0	1	0	0	0	0
31	江南大学	36	584.7	0	0	1	0	0	0	0
32	南京工业职业技术大学	36	180	0	0	1	1	30	1	30
33	镇江市高等专科学校	36	108	0	0	0	0	0	0	0

续表

序号	高校名称	遴选项目数（项）	起拍价（万元）	拍卖季成交项目数（项）	拍卖季成交金额（万元）	提交技术解决方案数（项）	挑战季成交项目数（项）	挑战季成交额（万元）	揭榜挂帅成交项目数（项）	成交金额（万元）
34	扬州大学	35	495	0	0	43	3	533	3	533
35	南京师范大学	32	2353	0	0	0	0	0	0	0
36	淮阴工学院	31	107	0	0	3	3	111	3	111
37	南京林业大学	31	548	0	0	0	0	0	0	0
38	苏州科技大学	31	141.4	0	0	0	0	0	0	0
39	江苏第二师范学院	30	55	0	0	0	0	0	0	0
40	南通理工学院	30	127.3	0	0	0	0	0	0	0
41	西交利物浦大学	30	1223.07	0	0	1	1	150	1	150
42	常州工学院	29	58	0	0	0	0	0	0	0
43	淮阴师范学院	28	209.8	0	0	0	0	0	0	0
44	苏州工业园区服务外包职业学院	23	66	0	0	0	0	0	0	0
45	泰州学院	23	64.3	0	0	0	0	0	0	0
46	江苏海洋大学	21	288	0	0	0	0	0	0	0
47	江苏农林职业技术学院	21	104	0	0	0	0	0	0	0
48	南京森林警察学院	17	311.6	0	0	0	0	0	0	0
49	南京机电职业技术学院	15	68.6	0	0	0	0	0	0	0
50	宿迁学院	14	27	0	0	0	0	0	0	0
51	江苏海事职业技术学院	12	24	0	0	0	0	0	0	0
52	苏州工业职业技术学院	10	14	0	0	0	0	0	0	0
53	常州工程职业技术学院	9	25	0	0	0	0	0	0	0
54	江苏电子信息职业学院	7	11	0	0	0	0	0	0	0
55	南通科技职业学院	7	11	0	0	0	0	0	0	0

续表

序号	高校名称	遴选项目数（项）	起拍价（万元）	拍卖季成交项目数（项）	拍卖季成交金额（万元）	提交技术解决方案数（项）	挑战季成交项目数（项）	挑战季成交额（万元）	揭榜挂帅成交项目数（项）	成交金额（万元）
56	江苏警官学院	6	64.2	0	0	0	0	0	0	0
57	南京交通职业技术学院	6	9.5	0	0	0	0	0	0	0
58	江苏航运职业技术学院	5	19	0	0	0	0	0	0	0
59	南京晓庄学院	5	15	0	0	1	1	31	1	31
60	南京铁道职业技术学院	4	20	0	0	0	0	0	0	0
61	江苏开放大学	3	30	0	0	0	0	0	0	0
62	江苏卫生健康职业学院	3	10.5	0	0	0	0	0	0	0
63	江苏信息职业技术学院	3	11	0	0	0	0	0	0	0
64	徐州工业职业技术学院	3	30	0	0	0	0	0	0	0
65	江苏护理职业学院	2	2	0	0	0	0	0	0	0
66	连云港职业技术学院	2	15	0	0	0	0	0	0	0
67	盐城幼儿师范高等专科学校	2	10	0	0	0	0	0	0	0
68	江苏商贸职业学院	1	2	0	0	0	0	0	0	0
69	连云港师范高等专科学校	1	40	0	0	0	0	0	0	0
70	泰州职业技术学院	1	1	0	0	0	0	0	0	0
71	徐州工程学院	0	0	0	0	2	2	50	2	50
72	盐城工学院	0	0	0	0	1	1	20	1	20
73	南京中医药大学	0	0	0	0	1	1	30	1	30
74	苏州大学	0	0	0	0	1	1	100	1	100
	总计	1932	33788.77	75	424.36	106	59	4687.75	134	5112.11

附表6　省技术产权交易市场线上平台备案技术转移服务机构清单

序号	机构名称	所在地区	入驻年份
1	百汇万博（无锡）数据技术有限公司	江苏省无锡市	2021
2	百拓共享（广州）知识产权服务有限公司	广东省广州市	2019
3	佰泉科技咨询南京有限公司	江苏省南京市	2019
4	饱饱（盐城）信息科技有限公司	江苏省盐城市	2021
5	北京八月瓜知识产权代理有限公司	北京市	2018
6	北京大学南京创新研究院	江苏省南京市	2021
7	北京大学长三角光电科学研究院	江苏省南通市	2020
8	北京东方灵盾知识产权代理有限公司盐城分公司	江苏省盐城市	2019
9	北京国标律师事务所	北京市	2019
10	北京化工大学常州先进材料研究院	江苏省常州市	2020
11	北京集慧智佳知识产权管理咨询股份有限公司	北京市	2019
12	北京交通大学长三角研究院	北京市	2020
13	北京品源专利代理有限公司苏州分公司	江苏省苏州市	2021
14	北京轻创知识产权代理有限公司扬州分公司	江苏省扬州市	2019
15	北京市高朋（南京）律师事务所	江苏省南京市	2019
16	比昂知识产权服务（苏州）有限公司	江苏省苏州市	2021
17	常熟南师大发展研究院有限公司	江苏省苏州市	2021
18	常熟紫金知识产权服务有限公司	江苏省苏州市	2019
19	常州常大技术转移中心有限公司	江苏省常州市	2019
20	常州工程职业技术学院技术转移中心有限公司	江苏省常州市	2019
21	常州海科物联网科技有限公司	江苏省常州市	2019
22	常州宏大智能装备产业发展研究院有限公司	江苏省常州市	2019

续表

序号	机构名称	所在地区	入驻年份
23	常州化学研究所	江苏省常州市	2021
24	常州江理工技术转移中心有限公司	江苏省常州市	2021
25	常州君紫迈坦科技服务有限公司	江苏省常州市	2021
26	常州龙城中高技术转移转化有限公司	江苏省常州市	2021
27	常州南京大学高新技术研究院	江苏省常州市	2020
28	常州市建筑科学研究院集团股份有限公司	江苏省常州市	2018
29	常州市启航知识产权运营有限公司	江苏省常州市	2021
30	常州市生产力发展中心	江苏省常州市	2020
31	常州市智能制造产业协会	江苏省常州市	2020
32	大连理工大学专利中心	辽宁省大连市	2020
33	大连理工高邮研究院有限公司	江苏省扬州市	2019
34	大连理工江苏研究院有限公司	江苏省常州市	2020
35	东莞市中帆新材料科技有限公司	广东省东莞市	2019
36	东南大学江北新区创新研究院	江苏省南京市	2019
37	东南大学苏州医疗器械研究院	江苏省苏州市	2020
38	东南大学—无锡集成电路技术研究所	江苏省无锡市	2019
39	东南大学扬州研究院	江苏省扬州市	2019
40	复旦大学泰州健康科学研究院	江苏省泰州市	2019
41	广东高航知识产权运营有限公司	广东省广州市	2020
42	广州市百拓共享专利代理事务所（特殊普通合伙）	广东省广州市	2019
43	汎宇国际技术转移（无锡）有限公司	江苏省无锡市	2021
44	海安常大技术转移中心有限公司	江苏省南通市	2019
45	海安常州大学高新技术研发中心	江苏省南通市	2018

续表

序号	机构名称	所在地区	入驻年份
46	海安南京大学高新技术研究院	江苏省南通市	2019
47	海安太原科大高端装备及轨道交通技术研发中心	江苏省南通市	2021
48	海安中纺院纤维新材料产业技术研发中心	江苏省南通市	2021
49	汉银科技（无锡）有限公司	江苏省无锡市	2021
50	华北电力大学苏州研究院	江苏省苏州市	2018
51	华东理工常熟研究院有限公司	江苏省苏州市	2019
52	华东理工大学苏州工业技术研究院	江苏省苏州市	2019
53	华仲龙腾科技信息咨询（盱眙）有限公司	江苏省淮安市	2021
54	淮安博士信息科技有限公司	江苏省淮安市	2019
55	淮安浩辰企业管理有限公司	江苏省淮安市	2021
56	淮安科信信息科技有限公司	江苏省淮安市	2021
57	淮安市科文知识产权事务所	江苏省淮安市	2021
58	淮安市科翔专利商标事务所	江苏省淮安市	2021
59	淮安市生产力促进中心	江苏省淮安市	2018
60	淮安市师苑技术转移有限公司	江苏省淮安市	2019
61	淮安新能源材料技术研究院	江苏省淮安市	2018
62	淮安一品企业管理咨询有限公司	江苏省淮安市	2018
63	淮安有方企业管理有限公司	江苏省淮安市	2021
64	技术产权交易市场无锡地方分中心	江苏省无锡市	2019
65	江南石墨烯研究院	江苏省南京市	2018
66	江苏艾洛特医药研究院有限公司	江苏省南京市	2019
67	江苏奥邦检验认证有限公司	江苏省南京市	2019
68	江苏奥莱特新材料股份有限公司	江苏省南京市	2019

序号	机构名称	所在地区	入驻年份
69	江苏宝力重工科技有限公司	江苏省无锡市	2021
70	江苏博子岛智能产业技术研究院	江苏省南京市	2020
71	江苏才标信息科技有限公司	江苏省无锡市	2019
72	江苏昌穗健康科技有限公司	江苏省无锡市	2021
73	江苏畅远信息科技有限公司	江苏省镇江市	2019
74	江苏达摩信息咨询有限公司	江苏省南京市	2020
75	江苏大学仕信息科技有限公司	江苏省常州市	2019
76	江苏大学扬州（江都）新能源汽车产业研究所	江苏省扬州市	2019
77	江苏第三代半导体研究院有限公司	江苏省苏州市	2020
78	江苏方洋水务有限公司	江苏省连云港市	2021
79	江苏富源节能电器有限公司	江苏省无锡市	2021
80	江苏高创投资发展有限公司	江苏省南京市	2019
81	江苏高邮南工大健康产业研究院有限公司	江苏省扬州市	2019
82	江苏广博有限公司	江苏省宿迁市	2019
83	江苏海绵城市技术研究院有限公司	江苏省南通市	2021
84	江苏和钧正策信息技术有限公司	江苏省南京市	2019
85	江苏亨通工控安全研究院有限公司	江苏省苏州市	2019
86	江苏弘建知识产权运营有限公司	江苏省南京市	2021
87	江苏鸿程大数据技术与应用研究院有限公司	江苏省南京市	2019
88	江苏华商企业管理咨询服务有限公司	江苏省徐州市	2018
89	江苏淮海技术产权交易中心有限公司	江苏省徐州市	2018
90	江苏环领文化发展有限公司	江苏省南京市	2019
91	江苏寰球智金科技发展集团有限公司	江苏省南京市	2020

续表

序号	机构名称	所在地区	入驻年份
92	江苏汇智知识产权服务有限公司	江苏省镇江市	2019
93	江苏集萃先进高分子材料研究所有限公司	江苏省南京市	2019
94	江苏集萃智能制造技术研究所有限公司	江苏省南京市	2018
95	江苏江华水处理设备有限公司	江苏省无锡市	2021
96	江苏金恒信息科技股份有限公司	江苏省南京市	2019
97	江苏金鑫信息技术有限公司	江苏省扬州市	2020
98	江苏经纬知识产权运营有限公司	江苏省无锡市	2021
99	江苏君英天达人工智能研究院有限公司	江苏省南京市	2019
100	江苏哩咕信息科技有限公司	江苏省南京市	2019
101	江苏联弘信科技发展有限公司	江苏省南京市	2020
102	江苏淼顺知识产权有限公司	江苏省扬州市	2020
103	江苏南创化学与生命健康研究院有限公司	江苏省南京市	2020
104	江苏麒达智能科技有限公司	江苏省无锡市	2021
105	江苏群策企业管理咨询有限公司	江苏省南京市	2019
106	江苏荣国新能源研究院有限公司	江苏省宿迁市	2018
107	江苏如是数学研究院有限公司	江苏省宿迁市	2019
108	江苏睿世企业管理有限公司	江苏省南京市	2019
109	江苏省安全生产科学研究院	江苏省南京市	2020
110	江苏省产业技术研究院	江苏省南京市	2020
111	江苏省地质调查研究院	江苏省南京市	2020
112	江苏省海洋资源开发研究院（连云港）	江苏省连云港市	2018
113	江苏省环境科学研究院	江苏省南京市	2019
114	江苏省计量科学研究院	江苏省南京市	2020

序号	机构名称	所在地区	入驻年份
115	江苏省技术产权交易市场有限公司	江苏省南京市	2019
116	江苏省技术市场协会	江苏省南京市	2019
117	江苏省林业科学研究院	江苏省南京市	2020
118	江苏省农药研究所股份有限公司	江苏省南京市	2019
119	江苏省农业科学院	江苏省泰州市	2018
120	江苏省特种设备安全监督检验研究院	江苏省南京市	2021
121	江苏省未来网络创新研究院	江苏省南京市	2020
122	江苏省无锡江大大学科技园有限公司	江苏省无锡市	2019
123	江苏圣典（江北新区）律师事务所	江苏省南京市	2019
124	江苏世丰企业管理咨询有限公司	江苏省徐州市	2020
125	江苏顺舟智能技术研究院有限公司	江苏省宿迁市	2018
126	江苏四新科技应用研究所股份有限公司	江苏省南京市	2020
127	江苏苏合金融科技有限公司	江苏省南京市	2019
128	江苏天中建设科技集团股份有限公司	江苏省徐州市	2018
129	江苏歪梨信息科技有限公司	江苏省扬州市	2019
130	江苏威凯尔医药科技有限公司	江苏省南京市	2019
131	江苏欣业企业服务有限公司	江苏省无锡市	2020
132	江苏新能源汽车研究院有限公司	江苏省盐城市	2020
133	江苏信益利信息科技有限公司	江苏省徐州市	2021
134	江苏徐工工程机械研究院有限公司	江苏省徐州市	2020
135	江苏沿海地区农业科学研究所	江苏省盐城市	2018
136	江苏阳光惠远知识产权运营有限公司	江苏省无锡市	2019
137	江苏易诺维生物医学研究院有限公司	江苏省南京市	2020

续表

序号	机构名称	所在地区	入驻年份
138	江苏优集科技有限公司	江苏省盐城市	2021
139	江苏悠谷未来科技有限公司	江苏省南京市	2020
140	江苏禹治流域管理技术研究院有限公司	江苏省南京市	2020
141	江苏源点知识产权有限公司	江苏省南京市	2019
142	江苏长江智能制造研究院有限责任公司	江苏省常州市	2018
143	江苏长三角智慧水务研究院有限公司	江苏省南京市	2019
144	江苏智慧工场技术研究院有限公司	江苏省无锡市	2019
145	江苏智盈人才科技有限公司	江苏省淮安市	2021
146	江苏中虹瑞华信息科技有限公司	江苏省淮安市	2021
147	江苏中建材环保研究院有限公司	江苏省盐城市	2018
148	江苏中科羿链通信技术有限公司	江苏省无锡市	2020
149	江苏中科院智能科学技术应用研究院	江苏省苏州市	2019
150	江苏中科智能制造研究院有限公司	江苏省泰州市	2020
151	江苏中路工程技术研究院有限公司	江苏省南京市	2018
152	江苏中企科技服务有限公司	江苏省镇江市	2021
153	江苏中兴蓝光科技咨询有限公司	江苏省扬州市	2020
154	江苏纵联律师事务所	江苏省南京市	2019
155	江阴金属材料创新研究院有限公司	江苏省无锡市	2020
156	江阴脉点科技有限公司	江苏省无锡市	2019
157	江阴市美客创新创业管理服务有限公司	江苏省无锡市	2018
158	江阴市牛商众创网络科技有限公司	江苏省无锡市	2021
159	交大材料科技（江苏）研究院有限公司	江苏省南京市	2021
160	金大瑞（江苏）商务咨询有限公司	江苏省苏州市	2020

序号	机构名称	所在地区	入驻年份
161	金湖正泓企业策划有限公司	江苏省淮安市	2021
162	昆山哈工万洲焊接研究院有限公司	江苏省苏州市	2020
163	昆山市工业技术研究院有限责任公司	江苏省苏州市	2021
164	昆山丝路阳澄国际技术转移有限公司	江苏省苏州市	2021
165	昆山云孵信息科技有限公司	江苏省苏州市	2021
166	兰州大学淮安高新技术研究院	江苏省淮安市	2018
167	理工大高新技术研究院（高邮）有限公司	江苏省扬州市	2020
168	连云港港门工程设计研究院有限公司	江苏省连云港市	2020
169	连云港市生产力促进中心	江苏省连云港市	2019
170	连云港苏策科技有限公司	江苏省连云港市	2018
171	连云港智源电力设计有限公司	江苏省连云港市	2021
172	凌动信息科技扬州有限公司	江苏省扬州市	2021
173	南化集团研究院	江苏省南京市	2018
174	南京爱出行科技有限公司	江苏省南京市	2020
175	南京佰格蒙信息科技有限公司	江苏省南京市	2019
176	南京佰特酷科技有限公司	江苏省南京市	2018
177	南京邦信企业管理服务有限公司	江苏省南京市	2019
178	南京北大科技园科技发展有限公司	江苏省南京市	2020
179	南京博士汇创产业发展有限公司	江苏省南京市	2021
180	南京博士汇创农业科技产业发展有限公司	江苏省南京市	2021
181	南京博闻善信企业管理咨询有限公司	江苏省南京市	2019
182	南京材智汇知识产权代理事务所（特殊普通合伙）	江苏省南京市	2021
183	南京畅远信息科技有限公司	江苏省南京市	2019

续表

序号	机构名称	所在地区	入驻年份
184	南京创新国度技术转移有限公司	江苏省南京市	2020
185	南京大学（苏州）高新技术研究院	江苏省苏州市	2018
186	南京大学环境规划设计研究院集团股份公司	江苏省南京市	2018
187	南京大学科技园发展有限公司	江苏省南京市	2020
188	南京大学连云港高新技术研究院	江苏省连云港市	2018
189	南京大学盐城环保技术与工程研究院	江苏省盐城市	2020
190	南京大学扬州化学化工研究院	江苏省扬州市	2018
191	南京代威科技有限公司	江苏省南京市	2021
192	南京稻可道智能科技有限公司	江苏省南京市	2021
193	南京德铭知识产权代理事务所（普通合伙）	江苏省南京市	2021
194	南京低功耗芯片技术研究院有限公司	江苏省南京市	2019
195	南京迪天高新产业技术研究院有限公司	江苏省南京市	2020
196	南京鼎辉知识产权服务有限公司	江苏省南京市	2019
197	南京东博智慧能源研究院有限公司	江苏省南京市	2021
198	南京东南大学技术转移中心有限公司	江苏省南京市	2021
199	南京复元先进新材料研究院有限公司	江苏省南京市	2021
200	南京高新工大生物技术研究院有限公司	江苏省南京市	2019
201	南京高正农用化工有限公司	江苏省南京市	2019
202	南京公诚节能新材料研究院有限公司	江苏省南京市	2021
203	南京共图信息科技有限公司	江苏省南京市	2019
204	南京冠智信息科技有限公司	江苏省南京市	2019
205	南京国能环保有限公司	江苏省南京市	2019
206	南京瀚宸知识产权服务有限公司	江苏省南京市	2020

序号	机构名称	所在地区	入驻年份
207	南京瀚源知识产权代理有限公司	江苏省南京市	2019
208	南京行高知识产权代理有限公司	江苏省南京市	2019
209	南京合工智能环保研究院有限公司	江苏省南京市	2020
210	南京合律知识产权服务有限公司	江苏省南京市	2019
211	南京和诚创技术转移有限公司	江苏省南京市	2019
212	南京恒烨企业咨询服务有限公司	江苏省南京市	2021
213	南京弘权知识产权代理有限公司	江苏省南京市	2019
214	南京鸿越科技有限公司	江苏省南京市	2019
215	南京华创环境技术研究院有限公司	江苏省南京市	2020
216	南京华睿智光信息科技研究院有限公司	江苏省南京市	2020
217	南京华讯知识产权顾问有限公司	江苏省南京市	2019
218	南京化院中山科技创业园有限责任公司	江苏省南京市	2019
219	南京汇东科创服务有限公司	江苏省南京市	2019
220	南京汇盛专利商标事务所	江苏省南京市	2019
221	南京慧瞳作物表型组学研究院有限公司	江苏省南京市	2019
222	南京嘉信永鸿企业管理咨询有限公司	江苏省南京市	2019
223	南京健康产业研究院	江苏省南京市	2020
224	南京匠桥专利代理有限公司	江苏省南京市	2021
225	南京金犀云创科技有限公司	江苏省南京市	2021
226	南京敬德信息技术有限公司	江苏省南京市	2019
227	南京九思知识产权服务有限公司	江苏省南京市	2019
228	南京九洲会计咨询有限公司	江苏省南京市	2019
229	南京钜力智能制造技术研究院有限公司	江苏省南京市	2019

续表

序号	机构名称	所在地区	入驻年份
230	南京君道信息科技有限公司	江苏省南京市	2019
231	南京科鼎信息技术有限公司	江苏省南京市	2019
232	南京科技创业服务中心	江苏省南京市	2018
233	南京科津新材料研究院有限公司	江苏省南京市	2019
234	南京理工大学连云港研究院	江苏省连云港市	2020
235	南京理工技术转移中心有限公司	江苏省南京市	2021
236	南京理工科技园股份有限公司	江苏省南京市	2021
237	南京励智心理大数据产业研究院有限公司	江苏省南京市	2019
238	南京联创北斗技术应用研究院有限公司	江苏省南京市	2018
239	南京亮武信息科技有限公司	江苏省南京市	2019
240	南京零七优服科技股份有限公司	江苏省南京市	2019
241	南京绿界新材料研究院有限公司	江苏省南京市	2020
242	南京绿新能源研究院有限公司	江苏省南京市	2019
243	南京绿叶生命科学技术研究院有限公司	江苏省南京市	2019
244	南京绿叶制药有限公司	江苏省南京市	2019
245	南京明博互联网安全创新研究院有限公司	江苏省南京市	2019
246	南京南大光电工程研究院有限公司	江苏省南京市	2018
247	南京南邮通信网络产业研究院有限公司	江苏省南京市	2021
248	南京南智先进光电集成技术研究院有限公司	江苏省南京市	2019
249	南京宁聚技术服务有限公司	江苏省南京市	2019
250	南京宁麒智能计算芯片研究院有限公司	江苏省南京市	2019
251	南京宁智聚合科技咨询有限公司	江苏省南京市	2019
252	南京谱联生命科学技术研究院	江苏省南京市	2021

序号	机构名称	所在地区	入驻年份
253	南京企冠企业管理咨询有限公司	江苏省南京市	2019
254	南京企信知识产权服务有限公司	江苏省南京市	2019
255	南京氢联空间企业管理有限公司	江苏省南京市	2019
256	南京清研传动装备研究院有限公司	江苏省南京市	2020
257	南京认知物联网研究院有限公司	江苏省南京市	2019
258	南京申云知识产权服务有限公司	江苏省南京市	2020
259	南京师范大学淮安研究院	江苏省淮安市	2018
260	南京师范大学技术转移中心有限公司	江苏省南京市	2019
261	南京世和基因生物技术有限公司	江苏省南京市	2019
262	南京市四海徐图知识产权服务有限公司	江苏省南京市	2021
263	南京舜点科技发展咨询有限公司	江苏省南京市	2019
264	南京舜国宸智能科技有限公司	江苏省南京市	2018
265	南京苏博企业管理咨询有限公司	江苏省南京市	2019
266	南京苏博知识产权咨询有限公司	江苏省南京市	2021
267	南京苏高专利商标事务所（普通合伙）	江苏省南京市	2019
268	南京苏曼等离子工程技术研究院有限公司	江苏省南京市	2021
269	南京腾森国际技术转移中心有限公司	江苏省南京市	2019
270	南京天航智能装备研究院有限公司	江苏省南京市	2020
271	南京天机正略企业管理有限公司	江苏省南京市	2020
272	南京沃福曼医疗科技有限公司	江苏省南京市	2019
273	南京渥宁机电工程研究所有限公司	江苏省南京市	2018
274	南京先端机器人技术研究院有限公司	江苏省南京市	2020
275	南京先进激光技术研究院	江苏省南京市	2018

续表

序号	机构名称	所在地区	入驻年份
276	南京先进生物材料与过程装备研究院有限公司	江苏省南京市	2020
277	南京协行知识产权服务有限公司	江苏省南京市	2019
278	南京信大技术转移有限公司	江苏省南京市	2021
279	南京信息技术研究院	江苏省南京市	2020
280	南京徐庄科技创业服务中心有限公司	江苏省南京市	2021
281	南京沿江资源生态科学研究院有限公司	江苏省南京市	2020
282	南京扬子江生态环境产业研究院有限公司	江苏省南京市	2021
283	南京药捷安康生物科技有限公司	江苏省南京市	2019
284	南京药石科技股份有限公司	江苏省南京市	2019
285	南京医大转化医学有限责任公司	江苏省南京市	2021
286	南京盈博医药生物技术创新研究院有限公司	江苏省南京市	2020
287	南京邮电大学南通研究院有限公司	江苏省南通市	2020
288	南京元业科技服务有限公司	江苏省南京市	2018
289	南京元业企业管理咨询有限公司	江苏省南京市	2021
290	南京远晟知识产权代理有限公司	江苏省南京市	2019
291	南京越枫知识产权代理有限公司	江苏省南京市	2020
292	南京正联知识产权代理有限公司	江苏省南京市	2019
293	南京知瑞科技有限公司	江苏省南京市	2019
294	南京知天下社会经济咨询有限公司	江苏省南京市	2019
295	南京止善智能科技研究院有限公司	江苏省南京市	2020
296	南京质子源工程技术研究院有限公司	江苏省南京市	2021
297	南京中诚区块链研究院有限公司	江苏省南京市	2019
298	南京中律知识产权代理事务所（普通合伙）	江苏省南京市	2019

序号	机构名称	所在地区	入驻年份
299	南京中微纳米功能材料研究院有限公司	江苏省南京市	2018
300	南京钟山虚拟现实技术研究院有限公司	江苏省南京市	2020
301	南京纵横知识产权代理有限公司	江苏省南京市	2019
302	南通高新技术创业中心有限公司	江苏省南通市	2018
303	南通火字旁专利技术有限公司	江苏省南通市	2019
304	南通蓝鹄信息科技有限公司	江苏省南通市	2018
305	南通领晟科技服务有限公司	江苏省南通市	2021
306	南通西北工业大学工业设计研究院	江苏省南通市	2019
307	南通装配式建筑与智能结构研究院	江苏省南通市	2019
308	牛津大学创新技术转移（苏州）有限公司	江苏省苏州市	2018
309	谦亨信息化技术与系统（苏州）有限公司	江苏省苏州市	2021
310	乾坤信息科技扬州有限公司	江苏省扬州市	2020
311	清华大学苏州汽车研究院（吴江）	江苏省苏州市	2021
312	清华大学天津高端装备研究院	天津市	2020
313	清华大学盐城环境工程技术研发中心	江苏省盐城市	2019
314	清研华科新能源研究院（南京）有限公司	江苏省南京市	2020
315	权航知识产权代理有限公司	江苏省苏州市	2019
316	赛昇信息技术研究院江苏有限公司	江苏省南京市	2021
317	上海交通大学苏北研究院	江苏省淮安市	2021
318	上海交通大学苏州人工智能研究院	江苏省苏州市	2019
319	深圳市合纵天下企业管理咨询有限公司南京分公司	江苏省南京市	2019
320	沈阳自动化研究所（昆山）智能装备研究院	江苏省苏州市	2018
321	水利部交通运输部国家能源局南京水利科学研究院	江苏省南京市	2020

续表

序号	机构名称	所在地区	入驻年份
322	苏州博士创新技术转移有限公司	江苏省苏州市	2019
323	苏州九启企业管理咨询有限公司	江苏省苏州市	2021
324	苏州科信技术经纪服务有限公司	江苏省苏州市	2019
325	苏州科之翼知识产权运营有限公司	江苏省苏州市	2021
326	苏州铭垚信息科技有限公司	江苏省苏州市	2019
327	苏州南慧科技创新研究院有限公司	江苏省苏州市	2021
328	苏州壬达智能科技服务有限公司	江苏省苏州市	2021
329	苏州三木知识产权服务有限公司	江苏省苏州市	2019
330	苏州上阳弘田科技有限公司	江苏省苏州市	2021
331	苏州市农业科学院	江苏省苏州市	2019
332	苏州市午忆企业管理有限公司	江苏省苏州市	2021
333	苏州市易柯露环保科技有限公司	江苏省苏州市	2019
334	苏州市众成科技咨询服务有限公司	江苏省苏州市	2021
335	苏州苏大技术转移中心有限公司	江苏省苏州市	2019
336	苏州瓦屋知识产权运营服务有限公司	江苏省苏州市	2019
337	苏州沃土孵化管理有限公司	江苏省苏州市	2021
338	苏州学园教育科技发展有限公司	江苏省苏州市	2021
339	苏州雪彩网络科技有限公司	江苏省苏州市	2020
340	苏州易朴科技咨询有限公司	江苏省苏州市	2021
341	苏州知多多知识产权信息咨询有限公司	江苏省苏州市	2021
342	苏州智高嘉华科技有限公司	江苏省苏州市	2021
343	泰州科聚新材料技术研究院有限公司	江苏省泰州市	2020
344	无锡佰腾兴宜科技有限公司	江苏省无锡市	2018

序号	机构名称	所在地区	入驻年份
345	无锡博士汇创技术转移有限公司	江苏省无锡市	2021
346	无锡丹佛管理技术服务有限公司	江苏省无锡市	2021
347	无锡东大工业研究院有限公司	江苏省无锡市	2019
348	无锡海泰国际科技合作服务有限公司	江苏省无锡市	2021
349	无锡海峡两岸科技金融服务中心	江苏省无锡市	2018
350	无锡汉启电力新能源有限公司	江苏省无锡市	2021
351	无锡宏日机电科技有限公司	江苏省无锡市	2021
352	无锡华源专利商标事务所（普通合伙）	江苏省无锡市	2018
353	无锡佳信知识产权服务有限公司	江苏省无锡市	2021
354	无锡金可诺格科技有限公司	江苏省无锡市	2021
355	无锡金企中融信息技术有限公司	江苏省无锡市	2019
356	无锡军工智能电气股份有限公司	江苏省无锡市	2021
357	无锡科睿检测服务有限公司	江苏省无锡市	2021
358	无锡立信育德信息科技有限公司	江苏省无锡市	2020
359	无锡律信工程咨询有限公司	江苏省无锡市	2021
360	无锡三聚阳光知识产权服务有限公司	江苏省无锡市	2021
361	无锡盛知华阳光惠远知识产权运营有限公司	江苏省无锡市	2021
362	无锡市科技发展有限公司	江苏省无锡市	2019
363	无锡市新峰管业有限公司	江苏省无锡市	2021
364	无锡市新吴区智诚科技成果转化中心	江苏省无锡市	2021
365	无锡硕晟技术转移有限公司	江苏省无锡市	2021
366	无锡威孚高科技集团股份有限公司	江苏省无锡市	2021
367	无锡微观视觉科技有限公司	江苏省无锡市	2019

续表

序号	机构名称	所在地区	入驻年份
368	无锡享源知识产权服务有限公司	江苏省无锡市	2021
369	无锡新豪泰智能科技有限公司	江苏省无锡市	2021
370	无锡翼友机车科技有限公司	江苏省无锡市	2021
371	无锡映型三维数字技术有限公司	江苏省无锡市	2019
372	无锡悦享科技有限公司	江苏省无锡市	2021
373	无锡知之火知识产权服务有限公司	江苏省无锡市	2021
374	无锡众创未来科技应用有限公司	江苏省无锡市	2019
375	无锡子木教育科技有限公司	江苏省无锡市	2020
376	西安交通大学苏州研究院	江苏省苏州市	2021
377	西北工业大学太仓长三角研究院	江苏省苏州市	2019
378	西交利物浦大学淮安新型城镇化发展研究院	江苏省淮安市	2019
379	新沂高新材料技术研究院有限公司	江苏省徐州市	2019
380	薪火计划（南京）科技发展有限公司	江苏省南京市	2020
381	宿迁方横科技咨询有限公司	江苏省宿迁市	2019
382	徐州北矿金属循环利用研究院	江苏省徐州市	2018
383	徐州创之社通用技术产业研究院有限公司	江苏省徐州市	2020
384	徐州工业职业技术学院技术转移中心有限公司	江苏省徐州市	2020
385	徐州市健康研究院有限公司	江苏省徐州市	2020
386	徐州中国矿业大学大学科技园有限责任公司	江苏省徐州市	2018
387	徐州众研美汇信息科技有限公司	江苏省徐州市	2018
388	盐城大学科技园有限公司	江苏省盐城市	2019
389	盐城恒策科技咨询有限公司	江苏省盐城市	2021
390	盐城谨诚知识产权服务有限公司	江苏省盐城市	2021

序号	机构名称	所在地区	入驻年份
391	盐城纳斯创业孵化管理有限公司	江苏省盐城市	2021
392	盐城平易安通知识产权代理事务所（普通合伙）	江苏省盐城市	2021
393	盐城市苏知桥知识产权代理事务所	江苏省盐城市	2020
394	盐城万创技术转移有限公司	江苏省盐城市	2020
395	盐城西都科技有限公司	江苏省盐城市	2020
396	扬州爱链企业服务有限责任公司	江苏省扬州市	2020
397	扬州博士创新技术转移有限公司	江苏省扬州市	2021
398	扬州鼎鸣信息科技有限公司	江苏省扬州市	2020
399	扬州哈工科创机器人研究院有限公司	江苏省扬州市	2020
400	扬州瑞恒信息科技服务有限公司	江苏省扬州市	2019
401	扬州瑞微知识产权服务有限公司	江苏省扬州市	2020
402	扬州润城知识产权代理有限公司	江苏省扬州市	2019
403	扬州市君瑞企业管理有限公司	江苏省扬州市	2020
404	扬州市科技资源统筹服务中心	江苏省扬州市	2019
405	扬州市萌芽向阳信息技术有限公司	江苏省扬州市	2019
406	扬州市苏为知识产权代理事务所（普通合伙）	江苏省扬州市	2020
407	扬州源点科技咨询有限公司	江苏省扬州市	2019
408	扬州云海知识产权服务有限公司	江苏省扬州市	2019
409	扬州云洋知识产权代理有限公司	江苏省扬州市	2019
410	扬州耘实知识产权代理有限公司	江苏省扬州市	2019
411	扬州正源知识产权有限公司	江苏省扬州市	2019
412	扬州智拓知识产权服务有限公司	江苏省扬州市	2019
413	易启创（苏州）企业管理服务有限公司	江苏省苏州市	2021

续表

序号	机构名称	所在地区	入驻年份
414	优宁德美（南京）生物科技研究院有限公司	江苏省南京市	2021
415	张家港市技术市场	江苏省苏州市	2021
416	张家港市锦明环保工程装备有限公司	江苏省苏州市	2021
417	张家港智电芳华蓄电研究所有限公司	江苏省苏州市	2021
418	张家港智信盈创技术转移有限公司	江苏省苏州市	2019
419	长三角新能源汽车研究院有限公司	江苏省盐城市	2018
420	浙江大学苏州工业技术研究院	江苏省苏州市	2019
421	镇江交广投资管理有限公司	江苏省镇江市	2019
422	镇江科易网科技有限公司	江苏省镇江市	2019
423	镇江快智慧创新发展有限公司	江苏省镇江市	2021
424	镇江智能制造创新研究院（黑龙江省科学院江苏技术转移中心）	江苏省镇江市	2018
425	至善介入消融技术研究院（南京）有限公司	江苏省南京市	2020
426	智博（苏州）知识产权代理有限公司	江苏省苏州市	2019
427	智博能源科技（江苏）有限公司	江苏省南京市	2021
428	中关村意谷（苏州）科技服务有限公司	江苏省苏州市	2021
429	中国建筑科学研究院有限公司建筑机械化研究分院	河北省廊坊市	2019
430	中国建筑设计研究院有限公司	北京市	2019
431	中国科技开发院江苏分院	江苏省南京市	2020
432	中国科学技术大学苏州研究院	江苏省苏州市	2020
433	中国科学院兰州化学物理研究所苏州研究院	江苏省苏州市	2019
434	中国科学院上海硅酸盐研究所苏州研究院	江苏省苏州市	2021
435	中国林业科学研究院林产化学工业研究所	江苏省南京市	2018
436	中国水产科学研究院淡水渔业研究中心	江苏省无锡市	2019

序号	机构名称	所在地区	入驻年份
437	中科熙隐（苏州）科技成果转化有限公司	江苏省苏州市	2021
438	中科芯集成电路有限公司	江苏省无锡市	2021
439	中科院广州能源所盱眙凹土研发中心	江苏省淮安市	2018
440	中科院过程工程研究所南京绿色制造产业创新研究院	江苏省南京市	2021
441	中汽研扬州汽车工程研究院有限公司	江苏省扬州市	2020
442	中消建安科技有限公司	江苏省无锡市	2021
443	中徐矿山安全技术转移交易中心有限公司	江苏省徐州市	2018
444	重庆市科学技术研究院扬州分院	江苏省扬州市	2020

附表7 省技术产权交易市场备案技术经理人事务所清单

序号	事务所名称	所在地区	认定时间	联系人	联系电话	挂靠技术经理人数量（名）
1	镇江江苏大学技术转移中心有限公司	江苏省镇江	2018	晏昶皓	0511-88780075	8
2	江苏南工大科技园有限公司	江苏省南京	2018	刘皓洋	025-83172212	29
3	镇江交广投资管理有限公司	江苏省镇江	2018	张建强	0511-85584189	6
4	江苏省技术市场协会	江苏省南京	2018	张红骏	18206100021	231
5	常州宏大智能装备产业发展研究院有限公司	江苏省常州	2019	倪俊	15189730734	0
6	江苏高创投资发展有限公司	江苏省南京	2019	刘锦程	15365075621	1
7	南京畅远信息科技有限公司	江苏省南京	2019	李敏	18913437176	0
8	江苏畅远信息科技有限公司	江苏省镇江	2019	李敏	18913437176	1
9	无锡金企中融信息技术有限公司	江苏省无锡	2019	王敏	0510-66227625	135
10	江苏科技大学技术转移中心	江苏省镇江	2019	许为强	0511-84401096	0

续表

序号	事务所名称	所在地区	认定时间	联系人	联系电话	挂靠技术经理人数量（名）
11	璨华企业管理（南京）有限公司	江苏省南京	2019	张剑	025-84895812	0
12	南京协行知识产权服务有限公司	江苏省南京	2019	于志刚	025-87782597	4
13	南通大学技术转移中心	江苏省南通	2019	陈聪	0513-85012142	15
14	苏州苏大技术转移中心有限公司	江苏省苏州	2019	刘强	0512-67167210	51
15	江苏淮海技术产权交易中心有限公司	江苏省徐州	2019	吴春梅	13852102271	32
16	中徐矿山安全技术转移交易中心有限公司	江苏省徐州	2019	岳文禛	0516-66622899	2
17	南通高新技术创业中心有限公司	江苏省南通	2019	夏彬婧	13057001233	50
18	无锡海峡两岸科技金融服务中心	江苏省无锡	2019	李琳	13771563813	27
19	南京科技创业服务中心	江苏省南京	2019	刘洋	025-58856752	76
20	淮安市生产力促进中心	江苏省淮安	2019	张佳星	0517-83758302	13
21	常州工程职业技术学院技术转移中心有限公司	江苏省常州	2019	李树白	13775020653	13
22	华东理工大学苏州工业技术研究院	江苏省苏州	2019	章卫民	13656239595	0
23	常州常大技术转移中心有限公司	江苏省常州	2018	芮文娟	13511675616	25
24	海安常州大学高新技术研发中心	江苏省南通	2018	曾德伟	0513-88802285	0
25	大连理工江苏研究院有限公司	江苏省常州	2020	贾永涛	0519-88065196	24
26	常州市智能制造产业协会	江苏省常州	2020	骆青	15351983990	2
27	南京工程学院技术服务有限责任公司	江苏省南京	2020	牛家丛	025-86118990	16
28	江苏寰球智金科技发展集团有限公司	江苏省南京	2020	钱程	15240203481	16
29	南京申云知识产权服务有限公司	江苏省南京	2020	段芹芹	025-86166319	3
30	江苏省农业科学院	江苏省南京	2019	肖蓉	025-84390027	17
31	扬州市科技资源统筹服务中心	江苏省扬州	2020	陈序	18005270570	0

序号	事务所名称	所在地区	认定时间	联系人	联系电话	挂靠技术经理人数量（名）
32	无锡华源专利商标事务所（普通合伙）	江苏省无锡	2020	鲍娟	15061518773	17
33	无锡市科技发展有限公司	江苏省无锡	2020	胡亚如	0510-82715024	3
34	江苏智慧工场技术研究院有限公司	江苏省无锡	2020	王培栋	0510-85630818	9
35	江苏汇智知识产权服务有限公司	江苏省镇江	2020	包甄珍	0511-88786433	15
36	常熟紫金知识产权服务有限公司	江苏省苏州	2019	王宏	15850813961	24
37	浙江大学苏州工业技术研究院	江苏省苏州	2019	李小霞	13776026114	19
38	盐城万创技术转移有限公司	江苏省盐城	2020	张霞	13962185881	105
39	南京北大科技园科技发展有限公司	江苏省南京	2020	沈肖琦	13851926877	8
40	江苏达摩信息咨询有限公司	江苏省南京	2020	朱殿春	15366019535	0
41	江苏欣业企业服务有限公司	江苏省无锡	2020	李丹	18018392163	5
42	南京越枫知识产权代理有限公司	江苏省南京	2020	平步青	13776565597	0
43	江苏联弘信科技发展有限公司	江苏省南京	2020	吕超	13770540896	7
44	南京扬子江生态环境产业研究院有限公司	江苏省南京	2020	王琪	025-86529992	0
45	无锡博士汇创技术转移有限公司	江苏省无锡	2020	施毅	15370751277	53
46	清研华科新能源研究院（南京）有限公司	江苏省南京	2020	顾文杰	025-58271801	0
47	宿迁方横科技咨询有限公司	江苏省宿迁	2020	蔡扬扬	19825197606	5
48	交大材料科技（江苏）研究院有限公司	江苏省南京	2020	王锐	025-58213966	0
49	江苏世丰企业管理咨询有限公司	江苏省徐州	2020	李威	0516-87787086	5
50	南京东南大学技术转移中心有限公司	江苏省南京	2020	朱正	15261158400	0
51	南京理工科技园股份有限公司	江苏省南京	2021	朱立琦	13913882629	0
52	江苏悠谷未来科技有限公司	江苏省南京	2021	王维根	025-52281693	0

续表

序号	事务所名称	所在地区	认定时间	联系人	联系电话	挂靠技术经理人数量（名）
53	南京大学科技园发展有限公司	江苏省南京	2021	靳亚茹	15261870352	0
54	南京信大技术转移有限公司	江苏省南京	2021	程勇	025-58235762	0
55	南京医大转化医学有限责任公司	江苏省南京	2021	张建	02586862208	0
56	南京华恒专利代理事务所（普通合伙）	江苏省南京	2021	李晓静	13770330190	0
57	无锡市新吴区智诚科技成果转化中心	江苏省无锡	2021	冷梅	0510-83561782	0
58	江苏阳光惠远知识产权运营有限公司	江苏省无锡	2021	彭素琴	15861418111	0
59	徐州医科大学科技园发展有限公司	江苏省徐州	2021	冯文凯	13775845671	0
60	徐州众研美汇信息科技有限公司	江苏省徐州	2021	董娅	0516-61210786	0
61	浙江大学常州工业技术研究院	江苏省常州	2021	吕红兵	13605716202	0
62	常州南京大学高新技术研究院	江苏省常州	2021	陈强	13685226858	0
63	常州江苏大学工程技术研究院	江苏省常州	2021	史晓艳	0519-89609981	0
64	常州市启航知识产权运营有限公司	江苏省常州	2021	刘焕珍	13775082976	0
65	常州市权航专利代理有限公司	江苏省常州	2021	张佳文	13407589639	0
66	易启创（苏州）企业管理服务有限公司	江苏省苏州	2021	于伟杰	18352408117	0
67	昆山丝路阳澄国际技术转移有限公司	江苏省苏州	2021	梁成法	15975510412	0
68	苏州科信技术经纪服务有限公司	江苏省苏州	2021	周勇	0512-65118552	0
69	苏州科智云科技服务有限公司	江苏省苏州	2021	高中宝	13584994019	0
70	连云港智源电力设计有限公司	江苏连云港市	2021	王健新	13851258688	0
71	盐城智享科技咨询服务有限公司	江苏省盐城	2021	符兴华	17768961168	0
72	华睿中高科技成果转化（盐城）有限公司	江苏省盐城	2021	陆建	15151017778	0
73	盐城大学科技园有限公司	江苏省盐城	2021	张建功	15061611155	0

续表

序号	事务所名称	所在地区	认定时间	联系人	联系电话	挂靠技术经理人数量（名）
74	盐城科联知识产权服务有限公司	江苏省盐城	2021	王富玲	18013526590	0
75	扬州博士创新技术转移有限公司	江苏省扬州	2021	马丽敏	18626115730	0
76	江苏大学扬州（江都）新能源汽车产业研究所	江苏省扬州	2021	沈钰杰	15050852025	0
77	凌动信息科技扬州有限公司	江苏省扬州	2021	凌晨	0514-86660868	0
78	江苏中兴蓝光科技咨询有限公司	江苏省扬州	2021	邵丽霞	15252559613	0
79	扬州瑞恒信息科技服务有限公司	江苏省扬州	2021	李泽豪	15152731010	0
80	北京交通大学长三角研究院	江苏省镇江	2021	田晨晨	0511-85580920	0

附表8　省技术产权交易市场线上平台公示拟协议成交科技成果情况统计表

序号	单位	2021年公示数量（项）	2021年公示金额（万元）	累计公示数量（项）	累计公示金额（万元）
1	南京信息工程大学	114	323.98	264	810.8
2	南通大学	105	280.49	377	890.79
3	南京航空航天大学	70	1312.1	188	3504.67
4	江苏省农业科学院	49	2342	166	11194.7
5	江苏师范大学	11	522	52	822.3
6	江苏徐淮地区淮阴农业科学研究所	10	312.98	24	1397.63
7	徐州工程学院	9	18.3	64	134.3
8	江苏开放大学	9	19.4	17	36.6
9	南京农业大学	7	225.17	11	280.58
10	江苏省农业科学院泰州农科所	6	24.5	6	24.5

续表

序号	单位	2021年公示数量（项）	2021年公示金额（万元）	累计公示数量（项）	累计公示金额（万元）
11	江苏（武进）水稻研究所	6	489.6	13	713.6
12	江苏省人民医院（南京医科大学第一附属医院）	5	424	6	424.6
13	国网江苏省电力有限公司信息通信分公司	5	100.3	5	100.3
14	南京工业大学	4	40	72	7476.54
15	南京工程学院	3	36	3	36
16	三江学院	2	9	2	9
17	南京理工大学连云港研究院	2	0.9	2	0.9
18	南京大学	2	225.5	11	622.17
19	南京中医药大学	1	3	4	15.91
20	南京佗道医疗科技有限公司	1	15	1	15
21	南京财经大学	1	1	1	1
22	中国药科大学	0	0	4	165
23	中国矿业大学	0	0	4	58
24	扬州大学	0	0	9	87.5
25	盐城工学院	0	0	9	78.3
26	苏州科技大学	0	0	1	3
27	南通先进通信技术研究院有限公司	0	0	1	0
28	南通理工学院	0	0	1	1.2
29	南京邮电大学	0	0	11	136.3
30	南京林业大学	0	0	2	104
31	江苏沿海地区农业科学研究所	0	0	3	110
32	江苏省地质调查研究院	0	0	1	0

续表

序号	单位	2021年公示数量（项）	2021年公示金额（万元）	累计公示数量（项）	累计公示金额（万元）
33	江苏工程职业技术学院	0	0	1	1.5
35	淮阴师范学院	0	0	4	20.01
36	华中科技大学无锡研究院	0	0	4	1866.36
37	常州工程职业技术学院	0	0	3	7.5
38	北京大学（省外）	0	0	1	230
39	上海远晟知识产权代理有限公司（省外）	0	0	1	1.2
	合计	422	6725.22	1349	31381.76

附表9　省技术产权交易市场线上平台挂牌科技成果情况统计表

序号	单位	2021年挂牌科技成果数（项）	2021年挂牌科技成果金额（万元）	2021年挂牌成交数（项）	2021年挂牌成交金额（万元）	累计挂牌科技成果数（项）	累计挂牌科技成果金额（万元）
1	南京农业大学	26	718.17	5	180	69	8233.58
2	江苏省人民医院	14	2609	5	124	15	2612
3	公安部交通管理科学研究所	14	117.4	6	114.2	17	181.4
4	江苏省农业科学院	10	1016	0	0	18	1486
5	东南大学	10	2600	0	0	11	2630
6	南京工业大学	6	230	0	0	7	310
7	南京大学	5	1352.33	3	251.5	22	1775
8	中国科学院苏州纳米技术与纳米仿生研究所	4	235	0	0	6	755
9	扬州大学	4	1080	0	0	14	1980
10	南京市蔬菜科学研究所	4	15.5	4	15.5	4	15.5

续表

序号	单位	2021年挂牌科技成果数（项）	2021年挂牌科技成果金额（万元）	2021年挂牌成交数（项）	2021年挂牌成交金额（万元）	累计挂牌科技成果数（项）	累计挂牌科技成果金额（万元）
11	南京师范大学	4	20	0	0	4	20
12	南京中医药大学	3	24.91	2	9.91	8	1904.41
13	江苏省林业科学研究院	3	120	0	0	8	442
14	江苏开放大学	3	48	0	0	3	48
15	江南大学	3	540	0	0	3	540
16	河海大学	3	11	0	0	3	11
17	徐州医科大学	2	40	0	0	5	90
18	南京理工大学	2	8	1	3	2	8
19	南京航空航天大学	2	250	0	0	9	1500
20	中国矿业大学技术转移中心	1	50	0	0	1	50
21	盐城工学院	1	20	0	0	1	20
22	宿迁市南京工业大学新材料研究院	1	1000	0	0	1	1000
23	苏州大学附属儿童医院	1	100	0	0	1	100
24	苏州大学附属第一医院	1	50	0	0	1	50
25	苏州大学	1	100	0	0	3	300
26	南通纺织丝绸产业技术研究院	1	10	0	0	1	10
27	南京医科大学	1	10	0	0	1	10
28	南京鼓楼医院	1	1000	0	0	1	1000
29	南京大学苏州高新技术研究院	1	100	0	0	1	100
30	江苏省中国科学院植物研究所	1	3	0	0	4	118
31	江苏省原子医学研究所	1	300	0	0	3	600

序号	单位	2021年挂牌科技成果数（项）	2021年挂牌科技成果金额（万元）	2021年挂牌成交数（项）	2021年挂牌成交金额（万元）	累计挂牌科技成果数（项）	累计挂牌科技成果金额（万元）
32	江苏省血吸虫病防治研究所	1	50	0	0	2	210
33	江苏省体育科学研究所	1	20	0	0	4	100
34	江苏省特种设备安全监督检验研究院	1	0.5	1	0.5	1	0.5
35	江苏省环境科学研究院	1	10.5	1	10.5	1	10.5
36	江苏省地质调查研究院	1	300	0	0	3	420
37	江苏省安全生产科学研究院	1	1200	0	0	1	1200
38	江苏大学	1	100	0	0	8	789
39	淮安市第一人民医院新生儿科	1	10	0	0	1	10
40	华北电力大学苏州研究院	1	30	0	0	1	30
41	常州工学院	1	200	0	0	1	200
42	中科院广州能源所盱眙凹土研发中心	0	0	0	0	1	200
43	中国药科大学	0	0	0	0	2	120
44	中国水产科学研究院淡水渔业研究中心	0	0	0	0	3	1040
45	中国科学院苏州生物医学工程技术研究所	0	0	0	0	2	1200
46	中国科学技术大学苏州高等研究院	0	0	0	0	1	800
47	太仓市农业技术推广中心（太仓市棉花育种中心）	0	0	0	0	2	200
48	农业农村部南京农业机械化研究所	0	0	0	0	4	420
49	南通大学	0	0	0	0	1	100
50	南京信息技术研究院	0	0	0	0	1	75
51	南京水利科学研究院	0	0	0	0	1	20

续表

序号	单位	2021年挂牌科技成果数（项）	2021年挂牌科技成果金额（万元）	2021年挂牌成交数（项）	2021年挂牌成交金额（万元）	累计挂牌科技成果数（项）	累计挂牌科技成果金额（万元）
52	南京市转化医学研究院	0	0	0	0	2	20
53	南京市锅炉压力容器检验研究院	0	0	0	0	1	2
54	南京林业大学	0	0	0	0	6	86
55	南京江岛环境科技研究院有限公司	0	0	0	0	2	2.5
56	南京工程学院	0	0	0	0	1	60
57	南京高新复合材料科技有限公司	0	0	0	0	1	1.18
58	南京大学科技园发展有限公司	0	0	0	0	1	30
59	南京财经大学	0	0	0	0	3	1120
60	江阴职业技术学院	0	0	0	0	1	0.5
61	江苏沿海地区农业科学研究所	0	0	0	0	2	35
62	江苏徐州甘薯研究中心	0	0	0	0	1	10
63	江苏徐淮地区淮阴农业科学研究所	0	0	0	0	1	50
64	江苏省农业科学院经济作物研究所	0	0	0	0	2	30
65	江苏省家禽科学研究所	0	0	0	0	2	0.6
66	江苏省海洋水产研究所	0	0	0	0	1	100
67	江苏省海洋环境监测预报中心	0	0	0	0	1	40
68	江苏省淡水水产研究所	0	0	0	0	1	120
69	江苏商贸职业学院	0	0	0	0	3	15
70	江苏丘陵地区镇江农业科学研究所	0	0	0	0	5	90
71	淮阴工学院	0	0	0	0	4	127.5
72	淮安信息职业技术学院	0	0	0	0	2	0.4

序号	单位	2021年挂牌科技成果数（项）	2021年挂牌科技成果金额（万元）	2021年挂牌成交数（项）	2021年挂牌成交金额（万元）	累计挂牌科技成果数（项）	累计挂牌科技成果金额（万元）
73	复旦大学泰州健康科学研究院	0	0	0	0	1	100
74	东部战区疾病预防控制中心	0	0	0	0	1	1000
75	常州先进制造技术研究所	0	0	0	0	3	300
76	常州机电职业技术学院	0	0	0	0	1	100
77	常熟市农业科学研究所	0	0	0	0	1	300
78	西安电子科技大学（省外）	24	80.6	9	31.1	24	80.6
	合计	168	15779.91	37	740.21	361	38866.17

第七章　名词解释

1. 技术登记方：指技术的出让方（含涉外买方）。
2. 技术吸纳方：指技术的受让方。
3. 技术合同：指当事人就技术开发、转让、咨询或服务订立的确立相互之间权利和义务的合同。
4. 技术开发合同：当事人之间就新技术、新产品、新工艺、新材料和新品种及其系统的研究开发所订立的合同。
5. 技术转让合同：当事人之间就专利权转让、专利申请权转让、专利实施许可、技术秘密转让所订立的合同。
6. 技术咨询合同：当事人一方为另一方就特定技术项目提供可行性论证、技术预测、专题技术调查、分析评估报告所订立的合同。
7. 技术服务合同：一方当事人运用专业技术知识、经验和信息为另一方解决特定技术问题所订立的合同。服务内容涉及产品结构、改良工艺流程、提高质量、降低成本等。
8. 重大技术合同：技术合同成交额在1000万元及以上的技术合同。
9. 技术合同成交额：当事人之间所签订技术合同中约定的合同总金额。
10. 技术合同成交项数：一定期限内所签订技术合同的数量。
11. 江苏省技术登记成交额：一定期限内技术出让方为江苏省内的单位或个人所登记的技术合同成交额。（含涉外合同）
12. 江苏省技术吸纳成交额：一定期限内技术受让方为江苏省内的单位或个人所登记的技术合同成交额。
13. 技术交易到账额：当事人履行技术合同后财务实际到账技术交易金额。